エゴ《強敵》を抑える《コントロール》技術

賢者の視点を手にいれる

ライアン・ホリデイ 著
金井啓太 訳

EGO
IS THE
ENEMY
by Ryan Holiday

EGO IS THE ENEMY by RYAN HOLIDAY

This edition published by arrangement with Portfolio, an imprint
of Penguin Publishing Group, a division of Penguin Random House LLC
through Tuttle-Mori Agency, Inc., Tokyo

『エゴ《強敵》を抑える《コントロール》技術』推薦の言葉

「ライアン・ホリデイの新作は、人生を究め、真の成功を収めるうえで最大の障壁である『飽くなきエゴ』に真っ向から挑む。私たちのやる気に火をつけながらも実践的な語り口で、身の内に潜むこの獣をコントロールし、飼い慣らす術を教えてくれる。それを知れば、本当に大切なことに集中できる——力のかぎり最高の仕事を生みだすことができるのだ」

——ロバート・グリーン：『マスタリー』（新潮社）、『権力（パワー）に翻弄されないための48の法則』（パンローリング）の著者

「成功を収めるには自信をもたなければならない、とよくいわれる。だがライアン・ホリデイはすがすがしいほどの率直さで、この前提に異議を唱える。自信があるから成功するのではなく、己の成功などというちっぽけなものを超えた大きな目標を追いかけるうちに、自信が培われるのだ。本書を読めばそれがきっと分かるだろう」

——アダム・グラント：『ORIGINALS 誰もが「人と違うこと」ができる時代』『GIVE & TAKE「与える人」こそ成功する時代』（三笠書房）の著者

「またしてもライアン・ホリデイは、現代の難問に挑もうとする読者のために、闘いに乗りだした。読者は一人ひとり、自分の人生に則した真実を見つけるだろう。歴史、哲学、書物の教訓で武装しなければ、エゴは敵となってしまう。一〇〇〇年以上前に、聖アウグスティヌスは『手に取って読め』という言葉を聞いてキリスト教に回心した。本書を読まなければ、君もエゴという敵に絶望させられることになる」

――ドクター・ドリュー・ピンスキー：HLN（アメリカのケーブルテレビチャンネル）の番組『ドクター ドリュー オン コール（Dr. drew on call）』『ラブライン（Loveline）』のホスト

「誰もがすぐにお手軽な満足を得たがる昨今、成功という概念が歪んできている。ゴールへの道のりは直線的なものと考える人が増えている。元プロスポーツ選手として私が言いたいのは、けっして直線的な道のりなどではないということ。実際は紆余曲折、浮き沈みに満ちているのだ。ただ前だけを向いて、すべきことに集中するしかない。ライアン・ホリデイは本書で見事に核心を突き、真の成功とは旅と学びのプロセスの中にあることを思い出させてくれる。現役時代にこの本が手元にあったら、どんなにかよかったのにと思う」

――ローリ・リンジー：元アメリカ代表女子サッカー選手

「哲学はこれまで不当な扱いを受けてきたが、ライアン・ホリデイがそれを私たちの生活の正しい場所に戻してくれた。本書は、忘れがたい物語や戦略、教訓に満ちており、何かを成し遂げようと闘う人にはぴったりの内容だ。誇張ではなく、本書を読み終えると、もう二度と、ノートパソコンを開いて腰を下ろし仕事をするという従来のスタイルには戻れなくなる」

――ジミー・ソニ：ハフィントンポスト元編集長、『ロームズ　ラスト　シチズン（Rome's Last Citizen）』の著者

「全部のページを破りとって壁紙にしたいくらい。真の成功に必要な謙虚さと努力をいつも思い出せるように。本の余白に、何度も何度も書きなぐった――『金メダル以前に立ち返れ』と。この本のおかげで、オリンピックで勝てたときの自分がもっていた謙虚さと仕事観を取り戻すことができた」

――チャンドラ・クロフォード：トリノ冬季五輪クロスカントリースキー金メダリスト

「権力ある地位の人々にとって実に有益な一冊！　本書を読んで判事としてさらに成長することができた」

――フレデリック・ブロック：アメリカ連邦地方裁判所判事、『ディスローブド（Disrobed）』の著者

「ライアン・ホリデイは彼の世代で最高の思想家だ。そして本書は彼の最高傑作だ」

――スティーヴン・プレスフィールド：『やりとげる力』（筑摩書房）の著者

「コメディアンのビル・ヒックスは、世界はエゴの熱に冒されていると言った。本書『エゴ《強敵》を抑える技術《コントロール》』でライアン・ホリデイはその処方箋をはっきり示した。それは謙虚さだ。本書には、読者一人ひとりがこの悪習から抜け出すための物語や名言がたっぷり詰まっている。これから旅に出ようとしている人も、もう一度旅をやり直そうとしている人も、本書から盗めるものがあるはずだ」

――オースティン・クレオン：『クリエイティブの授業　〝君がつくるべきもの〟をつくれるようになるために』（実務教育出版）の著者

「スポーツ選手、野心ある指導者、起業家、さらには自分の頭で考え行動するすべての人に、本書を読んでほしい。ライアン・ホリデイは若手作家として世代を代表する俊英だ」

――ジョージ・ラベリング：バスケットボール殿堂入りのコーチ、ナイキのインターナショナル・バスケットボール・ディレクター

「毒臭ふんぷんたる高慢なエゴが跋扈《ばっこ》するのを日々目にしており、期待できそうな独創的な取り組み

が、エゴのせいで破滅することのなんと多いことか。エゴのせいで君自身が破滅する前に、あるいは愛する仕事や人々を破滅に追い込んでしまう前に、本書を読んでおこう。日常的にきちんと運動をし、正しく食事をとるのが大事であるように、エゴを抑えることも大事なのだ。ライアンの洞察力には舌を巻く」

——マーク・エコー：ファッションブランド、エコーアンリミテッドおよび雑誌『コンプレックス（Complex）』の創始者

「人生のルールはそれほど決めていないが、一つだけ絶対に破るまいと決めていることがある。ライアン・ホリデイの本が出たら、できるだけ早く手に入れて読むことだ」

——ブライアン・コペルマン：『ラウンダーズ』『オーシャンズ13』『ビリオンズ』の脚本家兼ディレクター

君の心を慰めようとする者が、ときに心地よく響く、簡素で静かな言葉のとおりに、憂いなく暮らしているとは思わないでくれ。この男の生活もやはり多くの苦しみ、悲しみに満ち、君よりもよほどひどい有様なのだ。しかしもしそうでなかったなら、男はそうした言葉を見つけられなかっただろう。

ライナー・マリア・リルケ（詩人）

Part I 夢 — Aspire

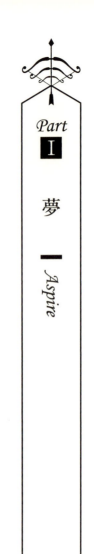

Part Ⅱ 成功 ― Success

Part Ⅲ 失敗 ― Failure

悲痛なるプロローグ

この本は私の自伝本ではない。しかし、エゴを扱う本であるから、当然頭をもたげてくる、ある問いに向き合うことにしよう。

これを書いている「私」とは、いったい何者なのか?

本書でお伝えする教訓にとって私の物語はさして重要ではないが、最初にここで簡単にお話ししておくほうが、本書に入っていきやすいと思う。というのも、私はこれまでの短い人生の各段階――成功を夢見て、成功をつかみ、やがて失敗する――で、エゴというものを散々味わってきたからだ。何度も何度も、繰り返し繰り返し…。

一九歳のとき、思いがけず人生を変えるチャンスに出合い、大学を中退した。私は師匠(メンター)たちの間で引っ張りだこの人気者となり、秘蔵っ子として育てられた。前途有望な小僧《キッド》だった。成功はすぐにやってきた。

ビバリーヒルズのタレント管理事務所の最年少役員となり、大物ロックバンドといくつも契約を結び、一緒に仕事をした。私がアドバイザーとして関わったいくつかの本は数百万部のヒットとなり、独自の文芸ジャンルを切り開いた。二一歳を迎えるころには、当時世界最先端だったファッションブランド、アメリカンアパレルに、戦略担当者《ストラテジスト》として入社。まもなくマーケティングディレクターに昇進した。

二五歳を前に最初の本を出した。発売されるや、問題作としてたちまち話題となりベストセラーとなった。表紙には私の顔がでかでかと載った。私の人生をテーマにテレビ番組を制作する独占権を、あるスタジオが購入した。その後の数年間、成功に伴う虚飾虚栄が次々と積み重なっていった——影響力、発言の場、知名度、リソース、金、そして少しばかりの悪名さえも。続いて、そうした資産をもとに会社を立ち上げて成功。金払いのいい著名なクライアントと取引し、それらの仕事のおかげであちこちの会議やら華やかなイベントやらに呼ばれるようになった。

成功を手にすると、自分の話をしたくなるものだ。都合の悪いところははしょり、わが身の幸運を並べ立て、全体に神話めいた趣を加える。まるでヘラクレスのように、あらゆる困難に打ち勝ち栄光をつかんだ英雄伝——床で寝た、親に捨てられた、死ぬほど苦労して大望を果たした。こうした物語を話していると、やがて、自分の才能イコール自分のアイデンティティとなり、自分の功績がそのまま自分の価値であると錯覚する。

しかし、この手の話は正直に語ってもいないし、何の役にも立たない。今話した私の物語にしても、書いていないことが山ほどある。さまざまなストレスを味わい誘惑に駆られたことは、都合よく省略している。映画制作にたとえるなら、使うのは輝かしい成功を収めたフィルムだけ。胃が痛くなるような転落や失敗――それこそありとあらゆる失敗――のフィルムはカットされ、編集室の床に置き去りだ。あえて語ろうとは思わない、そんな出来事がたくさんあるのだ。たとえば、敬愛していたある人から人前でおおっぴらにけなされたこと。当時の私はショックのあまり、救急救命室に運ばれたほどだ。またある日、どうにも自信がなくなってボスの部屋に行き、もう無理です、大学に戻ります、と泣きついたこともある（本気だった）。ベストセラー作家という地位のはかなさとその短命さを知ったこと（たった一週間だった）。サイン会に一人しか来なかったこと。自分で作った会社が自滅してバラバラになり、立て直さなくてはいけなかったこと（それも二度も）。こうして今挙げたものですら、都合よく抜き出した一部にすぎない。

こんなふうに少しでも完全な絵を描いて実像に近づけようとしたところで、しょせん人生の断片にすぎないわけだが、それでもきれいごとを並べた成功談に比べれば、まだ重要な要素をきちんと含んでいると思う。少なくとも本書にとって重要な要素――野心と成功と逆境を。

私は突然の悟りを信じるたちではない。たった一度の出来事で人間がガラリと変わるわけではない。そうした瞬間はたくさんあるのだ。今思えば私には、二〇一四年の半年ほどの期間に、そうした人生を変える瞬間が立て続けに訪れた。

まず、私が全力を投じたと言ってよいアメリカンアパレルが倒産の危機に瀕し、数億ドルの負債を抱え、もはや昔日の面影はなかった。若いころから尊敬してやまなかった創業者は、自らの手で選んだ取締役会の面々にだしぬけに解雇され、友人宅のソファで寝起きする境遇に落ち込んだ。次に、私の修業の場だったタレント管理事務所も同じ有様で、クライアントに多額の借金をして返済を迫られ、問答無用で訴えられている。同じころ、メンターの一人がうまくいっていない様子で、私との関係も破綻し始めていた。

彼らは皆、私の人生を形づくってくれた人たちだった。私が敬愛し、教えを受けた人たちだ。金銭面、感情面、精神面、どれをとっても彼らが安定していると思って疑わなかったし、そればかりか私の存在と自尊心のよりどころとなっていた。それなのに、彼らは崩れ落ちていった。私の目の前で、次々に、一人また一人と……。

走行中に車のタイヤが脱輪した――そんな感じだった。あの人のようになりたいと心から憧れていた人に対して、「こんなふうにだけはなりたくない」なんて気持ちを抱くことになろうとは。まさかこんな事故に見舞われるなんて思いもよらなかった。

そういう私自身もこの崩壊や転落と無縁ではなかった。よりによって一番余裕のないときに、それまでの人生で見て見ないふりをしてきた問題が噴出し始めたのだ。

数々の成功を収めたにもかかわらず、気がつけばふりだしの町に戻っていた。ストレスと過労に苦しみ、せっかく苦労して手にした自由をあらかた手放してしまっていた。それもこれも金に目がくらみ、性懲りもなくゾクゾクするような仕事のスリルにとりつかれていたからだ。神経をピンと張りすぎていて、ほんの少しの手違いでうろたえ、抑えが効かなくなりキレて怒声を上げた。それまでなんとも思わなかった仕事が、苦痛に感じるようになった。自分自身への信頼も、周りの人々への信頼も、崩壊した。生活の質も同様だった。

あの日のことは今でも忘れない。何週間も家を留守にしてあちこち飛び回り、やっと家に帰り着いたところだった。ワイファイ（Wi-Fi）がつながらないせいで、私はあわてふためき、かんしゃくを起こした。「このEメールが送れなかったら、どうすればいいんだ。どうすれば、どうすれば……」

俺は何も間違ってない、社会はきっと報いてくれるはず、そう自分に言い聞かせる。ところがそのとき、未来の妻はドアを蹴って部屋から出て行ってしまう。「前はこんな人じゃなかった」と言いたげな顔で。

どうしてこんなことになってしまうのだろう？　まったく信じられない。さっきまで巨人の肩の上にでも立っているつもりで得意になっていたのに、次の瞬間には、自分の存在が内側からガラガラと崩れ落ち、その残骸の中から自分の破片を必死で掘り起こし拾い集めようとしているなんて。

しかし、良い点も一つあった。自分が仕事依存性《ワーカホリック》であるという事実と向き合わざるを得なくなったのだ。「ああ、あいつは働きすぎだよ」なんてものではなく、「ちょっと休んで遊んできなよ」と軽く声をかける感じでもない。もっとひどくて、「今すぐ会議に出かけてすっきり問題を片付けないと、死んでしまう」というほどだ。これまで私は内なる衝動に突き動かされて走り続け、おかげでこんなに早く成功を収められたわけだが、それには代償が伴うことにやっと気づいた。これまで幾多の人が落ちた罠に、私もまんまとはまってしまったというわけだ。問題は仕事の量というより、自分の意識の中で仕事が占める役割が巨大になりすぎたことだった。自分の頭の中にがっちり閉じ込められて、もはや自分の考えのとらわれ人となっていた。その結果、絶えず苦痛や不満を感じるようになり、なぜこんなことになったのか、原因を解明する必要に迫られた――あの悲惨な末路をたどりたくなければそうするしかない。

私はだいぶ前から、一人の研究者として、また作家として、歴史やビジネスについて研究を重ねてきた。およそ人に関わることは何でも、長い時間軸で見れば普遍的な問題が立ち現れてくる。こうしたテーマに私はかねて魅せられていた。その最たるものが、エゴである。

別にエゴとその作用に無知だったわけではない。今お話しした出来事の一年ほど前から、本書の下準備として調査を進めてはいたのだ。しかしこの時期に味わった苦しみが、目下取り組んでいたテーマについて、それまでまったく気づかなかった視点を与え、目を開かせてくれた。

おかげではっきりした。エゴの弊害は自分の中だけでなく、歴史のページの中に、それから友人や顧客、同僚の中に、さらには産業界の首脳の中にも見いだせるのだ。私の尊敬する人たちはエゴのせいで何億ドルもの損失を被り、ギリシャ神話のシシュフォスのように、成功を手にした瞬間、そこから転げ落ちた（訳注：シシュフォスは神の罰を受けて地獄で巨石を山頂まで押し上げる仕事を命じられたが、巨石はあと一息のところで必ず転げ落ちた)。当時の私にもその絶壁の影がちらついていた。

そういった自分の状態に気づいてから数カ月後、私は右腕にこんなタトゥーを入れた――「EGO IS THE ENEMY(エゴは敵だ)」。この言葉がどこから浮かんできたのかは分からない。たぶんずっと昔どこかで読んだのだろうが、この言葉はたちまち心の慰めとなり、羅針盤となってくれた。左腕にもタトゥーを入れた。やはりどこかから浮かんできた言葉――「THE OBSTACLE IS THE WAY(障害は道となる)」。今も二つの文句を見ながらこの文章を書いている。毎日欠かさず目にして、人生の決断の指針としている。水泳のとき、瞑想のとき、執筆のとき、朝シャワーから出るとき、嫌でも目につく。どちらの言葉も、どんな状況に直面しても正しい道を選べるように自分を正し、戒めてくれる。

この本を書いたのは、人に説教を垂れるほど自分に知恵がついたと思ったからではない。自分自身が人生の重要な転換点で、こんな本があればよかったと思うからだ。私も皆と同じように、人生の究極の問いを突きつけられた。ラテン語で言うところの『Quod vitae sectabor iter』、つまり自分はどんな人間になりたいのか? あるいは、どんな道を歩みたいのか?

この問いは時を超えた普遍的なものであると思う。だから本書では、このプロローグを除いて、私個人の人生ではなく哲学や歴史の例に基づいて書き進めるように努めた。

歴史の本をひもとくと、理性的とは言いがたい途方もない力で、自分のイメージに世界をつくり変えた天才的な夢想家の話があふれているが、よく目を凝らせば、同じく歴史をつくってきたもう一種類の人々が見えてくる。どんなときもエゴと闘い、スポットライトを避け、地位や名声よりも崇高な目標を掲げて生きた人々だ。そうした物語に取り組み、語り直すという方法によって、私は自分なりに彼らの生き方を咀嚼《そしゃく》し血肉としてきた。

これまでの拙著と同様、本書もストア哲学に、もっと言えば古代の偉大な思想家たちに強い影響を受けている。私がこうして執筆活動ができるのもひとえに彼らのおかげであるし、そもそも私の人生は彼らによって成り立っているのだ。もしこの本に何か役に立つ内容があるなら、それは私ではなく、彼ら先人たちのおかげである。

古代ギリシャの弁論家デモステネスはこう言っている。

「徳とは、知ることから始まり、勇気によって成就する」

私たちはまず自分自身と世界を、初めて見るかのように新しい目で見ることから始めなくてはいけない。それから違う自分になるように闘い、そしてその違う自分のままでいられるように闘わなくてはいけない。ここが難しいところだ。私は何も、生きていくうえでエゴを完全に抑えつけろ、押しつぶせと言っているわけではない。そもそもそんなことが可能だと言うつもりもない。これは単なる戒めであり、もっとうまくコントロールできるようになるための考え方を説いたものである。

アリストテレスは有名な『ニコマコス倫理学』で、反った木材を例えにして人間性というものを説明している。反りや曲がりを取り除くには、熟練の木工職人が少しずつ反対方向に力をかけていけばいい。要はまっすぐにするのだ。それから二〇〇〇年後、カントはこの見解に鼻先でせせら笑うように反論した。

「人間性という歪んだ木材から、まっすぐなものが生まれるわけはない」

私たちはまっすぐにはなれないかもしれない。だが、少なくともまっすぐになろうと努力することはできるはずだ。

本書を読んでくれた人が、自分は特別な存在なんだと感じたり、力が湧いてきたり、インスピレーションが湧いてきたりするなら、喜ばしいことだ。でも、それは本書のめざすところではない。私がこの本を編むにあたって特に心を砕いたのは、読者の皆さんが読み終えたときに、私が書き終えたときと同じ境地にたどり着けるようにすること。すなわち、自分のことをあまり考えないようになることだ。皆さんが自分の特別さについて語るのをやめ、その結果エゴの束縛から解放されて、己の心に決めた、世界を変える仕事を成し遂げられるように願ってやまない。

はじめに

第一の原則は、自分を欺かないことです。自分を欺くほど簡単なものはないのですから。

リチャード・ファインマン（アメリカの物理学者）

これを読んでいる君――。君はまだ若くて野心に満ちあふれているかもしれない。若くて、成功をつかもうともがいているのかもしれない。あるいは人生で初めて二〇〇万ドルなんていう大金を稼いだり、最初の契約にサインしたり、何らかのエリートグループに選抜されたり、あるいは、一生お金に困らないほどの成功をすでに手にしたのかもしれない。はたまた頂上の景色がこんなに空虚なのかと愕然としているのかもしれない。危機を乗り越えるべく皆を指揮する役目を負っているのかもしれない。会社をクビになったばかりかもしれない。どん底に落ち込んだばかりなのかもしれない。

君が今どこにいて、何をしていようとも、最大の敵はずっと君の内側にいる。それは何か？　それは、エゴである。

「いや私は違う」と君は思う。「私のことをエゴイストなんて呼ぶ人はいない」と。たぶん君は、これまで自分のことをまずまずバランスのとれた人間だと思ってきたのだろう。しかし、野心や才能、欲求、潜在能力のある人は、エゴと無縁ではいられない。私たちが将来の成功を信じて、何かを考えたり、行動したり、創造したり、起業したりできるのは、ある意味でエゴのおかげである。エゴのおかげで私たちは頑張れるし、めいめいの持ち場で頂点を極められる。しかし、それは諸刃の剣だ。エゴに頼ることで、エゴの暗黒面に身をさらすことにもなる。

最初に断っておくと、本書はフロイト的な意味でのエゴは扱わない。フロイトはエゴを説明するのに、よくこんな例えを使った。エゴとは馬の騎手である。無意識の衝動が馬を表し、エゴがそれを御そうとする。一方、現代の心理学では「エゴイスト」という言葉を、極端に自分のことしか考えず、他人への配慮に欠ける人を指して使う。こうした定義はどれも真実に違いないが、臨床の場を除いてはほとんど意味をもたない。

私たちはふだん、エゴという言葉をもっとルーズな定義で使っている。自分が重要な存在だという不健全な思い込み、尊大さ、身勝手な野心。本書ではこうした定義を用いて進めていく。誰の心の中にもいるこらえ性のない子供の部分。ほかの誰よりも何よりも自分の都合を優先する態度。何がなんでも他人より優れ、たくさん手に入れ、認められなければ気がすまない――それがエゴだ。自信や才能と呼べる程度を超え、行きすぎた優越感や思い上がりである。

自分自身と世界に対して思い上がった見方をするようになると、周りの現実が歪み始める。アメリカンフットボールの名コーチ、ビル・ウォルシュがこんなふうに言っている。

「自尊心が傲慢さに変わり、自己主張が頑固さに変わり、自信が無謀さに変わる」

これがエゴであり、作家のシリル・コノリーが警告したように「重力の法則のように私たちを飲み込む」。

エゴは君の敵だ。君がこれから手に入れたいものにとっても、すでに手にしているものにとっても――たとえば何らかの技能を習得すること。真にクリエイティブな着想をすること。他者と協調すること。忠誠心や支持を築くこと。長生きすること。成功を繰り返し収め、維持していくこと――。エゴはせっかくの好機やチャンスをはねのけ、反対に敵や過ちを呼び寄せる磁石のようなものだ。前も後ろも地獄にしてしまう。

「病的なエゴイスト」とまでいく人は少ないが、考えられるかぎりの問題や障害の根底には、たいていエゴがある。どうして勝てないのか、どうして他人を犠牲にして勝ち続けなければいけないのか。どうして欲しいものが手に入らないのか、どうして欲しいものを手に入れたのにちっともよくなった気がしないのか。

普通はエゴが原因だとは考えない。代わりに、ほかの何かのせいにする（たいていほかの人）。ローマの詩人、ルクレティウスが二〇〇〇年も前にこんな格言を残している。

「私たちは自分の病気の原因を知らない病人である」

とりわけ成功した人々には、エゴが自らの足かせになっていることが分からない。成功体験に酔い、自分の功績しか目に入らなくなっているからだ。

私たちがどんな野心を、あるいは目標を抱いても（それが大きなものでも、ささいなものでも）、エゴは必ずそこに存在する。そして、全力で歩んでいる旅のさなかで私たちをじわじわとむしばむ。革新的なCEOとして知られたハロルド・シドニー・ジェニーンは、エゴイズムをアルコール依存症になぞらえた。

「エゴイストはふらふら歩いて、机にぶつかり物をぶちまけたりしない。ろれつの回らぬ舌でたわ言を言ったりもしない。その代わり、どんどん尊大になっていく。周囲の人々はそうした態度の裏に潜むものに気づかず、実際はただ傲慢なだけなのに、力や自信の表れだと勘違いすることもある」

するとそう言われることで本人も、次第に勘違いをし始める。自分が病気にかかっていること、そうやって自分の首を絞めていることに気づかないまま。

エゴというものが、私たちに実際より優れた人間であると錯覚させる声であるなら、それは真の成功を阻害するものだと言っていいだろう。それによって周りの世界とじかに、誠実に交わることができなくなってしまうからだ。アルコール依存症者の自助グループである「アルコホーリクス・アノニマス」の初期メンバーの一人が、エゴのことを「意識的な隔絶」と呼んでいる。何からの隔絶か？——あらゆるものから、である。

この隔絶がもたらす悪影響は甚大だ。自ら壁を築けば、他者との協調など不可能になる。周りの世界のことも、自分自身のことも理解できないのでは、世界をよくするなんてできるわけがない。他人の意見に耳を貸さず、関心ももたないのでは、フィードバックを求めることも受け取ることもできない。目の前の現実を見ず、自分でつくり上げた空想の世界に生きるならば、チャンスを見つけることも、つくり出すこともできない。いくら自分の能力に自信があっても、他者と比較して客観的に評価するのでないかぎり、単なる妄想にすぎない。自分自身とのつながりを失っているのなら、他者の思いをくみ取ることもできない。それでどうやって、ほかの人々の心を動かしたり、鼓舞したり、指揮したりするというのだろうか。

パフォーマンスアーティストのマリーナ・アブラモヴィッチはこう言ってのけた。

「自分は偉大であると思うようになったら、クリエイティビティは死んだも同然よ」

私たちがエゴを手放さない理由はたった一つ、安心を得るためだ。スポーツでも芸術でもビジネスでも、偉大な仕事を成そうとする旅路はたいてい恐ろしいものだ。エゴがその恐怖を和らげ、不安をなだめてくれる。私たちの心の、理性的で覚めた部分が働かなくなり、代わって誇張や自己陶酔が目立ってくる。エゴは自分が聞きたいことを、聞きたいときに聞かせてくれるのだ。しかしそれは一時の気休めにすぎず、長い目で見ると深刻な結果をもたらす。

現代ほどエゴがもてはやされる時代はない

かつてないほど、現代の文化はエゴの炎をあおっている。以前からすれば考えられないほど簡単に自分について語り、自己満足に浸れるようになった。自分の目標を何百万人ものファンやフォロワーに豪語することもできるのだ。かつてはロックスターやカルトの教祖にしか許されなかった特権だ。

私たちはツイッターで憧れの人をフォローして交流することもできるし、本を読んだりインターネットのサイトを閲覧したり、『テッド　トークス（TED Talks）』（訳注：著名人による講演動画の配信サイト）を視聴したりすることもできる。消火ホースから噴きだす水をガブガブ飲むように、インスピレーションを求めたり、他人からの承認欲求を満たしたりできるのだ（そのためのアプリまである）。書類上にしか存在しない会社のCEOを名乗ることもできる。ソーシャルメディアでビッグニュースを発表し、お祝いのメッセージを集めることもできる。自分で自分についての記事を書き、それをさまざまな媒体に（以前は客観的なジャーナリズムの場だったのだが）載せることもできる。程度の差こそあれ、皆がこうした行為にのめり込んでいる。

話はテクノロジーの変化にかぎらない。私たちは今、何よりもまず、自分が特別な存在であることを信じるように言われている。大きく考えろ、大きく生きろ、名を残せ、果敢に挑戦しろ。成功するには大胆なビジョンや壮大な計画が必要だと皆思っている。あの会社の創業者にしろ、あの優勝チームにしろ、そういうものをもっていたはずだから、と（でも、本当にそうだろうか？）。メディアは危険知らずの自信家や成功者をもてはやす。私たちはそれを見て、自分も成功をつかもうと必死になり、そうした者たちの姿から正しい態度を、正しい振る舞いを引きだそうとする。

私たちは勝手にありもしない因果関係を導きだす。成功のしるしを成功自体と取り違えてしまうのだ。そして世間知らずなものだから、本当の要因とその副産物とを混同してしまう。

もちろん、エゴがうまく機能するケースもある。歴史上の偉人や成功者は男女を問わず、エゴイストの悪評高い者が多い。しかしエゴのせいで大失敗した人もまた同じくらいいる。実を言えば、後者のほうがずっと多い。それなのに現代の文化は、私たちにダイスを振れと迫ってくる――リスクなど無視して賭けをしろと。

どこまで行ってもエゴはついてくる

人生ではどんなときも三つの段階のどれかにある。まずは夢を追いかける段階。この世で何かを成そうとしている段階だ。次に、成功をその手につかんだ段階。少しか、たくさんか、それは分からない。そして最後に、失敗を犯した段階。最近失敗したばかりという人もいれば、ずっと失敗続きという人もいるだろう。ほとんどの人は三つの段階をこんなふうに揺れ動く。夢を追いかけて努力し、成功をつかむ。成功をつかんだのちに失敗する(あるいはさらに大きな夢を描く)。失敗したのちに再び、新たな夢に向けて歩みだし、新たな成功をつかむ。

エゴはどの段階においても敵となる。ある意味では、成功を築き、成功を維持し、失敗から復活を遂げるのを邪魔するのだ。物事が順調に進んでいるうちはいいかもしれない。しかし風向きが変わり、試練が訪れたら……。

だからこそ本書は、「夢」「成功」「失敗」の三部構成とした。

この構成にした狙いは単純だ。悪い習慣が根を下ろさないうちにエゴを抑えること。成功を収めたときにエゴの誘惑に負けないよう、謙虚さと自制心を身につけること。運命が暗転しても打ちのめされない強さと胆力を養うこと。要するに、次のような態度を身につけたい。

- 夢をかなえるため謙虚に努力する
- 成功しても傲慢にならない
- 失敗してもへこたれない

とはいえ、君が特別な存在でないとか、君にはこの短い人生で世の中を驚かせるような素晴らしいことが何もできないとか言っているのではない。創造力の垣根を飛び越えたり、発明をしたり、インスピレーションを感じたり、真に野心的な変化やイノベーションをめざしたりする余地がないと言っているわけでもない。むしろ反対に、こうしたことをきちんと行い、果敢にそのリスクを冒すためには、バランスが大事なのだ。クエーカー教徒として信仰の自由のために闘ったウィリアム・ペンが次のように述べている。

「激しい風雨にさらされる建物には、しっかりした土台が必要だ」

ではどうすればよいのか?

君が今手にとっているこの本は、ある楽観的な仮説に基づいている。君の抱えるエゴとは、事あるごとにうんざりするほど味わわなくてはならないような力ではない。コントロールし、方向づけることができるものなのだ。

本書では次のような人々を取り上げる。ウィリアム・テクムセ・シャーマン、キャサリン・グラハム、ジャッキー・ロビンソン、エレノア・ルーズベルト、ビル・ウォルシュ、ベンジャミン・フランクリン、ベリサリウス、アンゲラ・メルケル、ジョージ・C・マーシャル。彼らはさまざまなことを成し遂げた。経営がぐらついている会社を救ったり、軍事戦術を進化させたり、野球界での人種差別を撤廃したり、アメリカンフットボールのオフェンスに革命を起こしたり、圧政に立ち上がったり、不幸な運命と勇敢に闘ったり。しかしもしも彼らがエゴのせいで現実から目をそらし、自分の世界に閉じこもって偏狭な価値観に凝り固まっていたら、果たしてそうした偉業は可能だっただろうか？　彼らは現実というものを冷静な目でしかと見据えていた――作家で戦略家《ストラテジスト》のロバート・グリーンはかつてこう言った――「われわれは巣を張った蜘蛛のように、現実に根ざしていなくてはいけない」。彼らの偉大な芸術、著作、デザイン、ビジネス、マーケティング、リーダーシップは皆、そうした現実感覚に支えられたものなのだ。

彼らを一人ひとり研究して分かったのは、皆、地に足がつき、思慮深く、徹底して現実主義者であるということだ。彼らが全員、エゴと無縁だったとは言わない。しかし彼らは、エゴがむくむくと起き上がってくると抑え込み、ほかの方向へ向け、違う感情へ昇華させるすべを知っていた。彼らは偉大で、しかも謙虚だった。

「ちょっと待ってくれ、巨大なエゴの持ち主で成功した人もいるだろう。スティーブ・ジョブズは？　カニエ・ウェストは？」

極端な例を挙げて最悪の振る舞いを正当化しようとするのは構わない。しかし、妄想を抱き、自分の考えにとりつかれ、現実から遊離したおかげで真の成功を収められたという者はいない。こうした特徴が一部の著名人と関わりがあるとしても、それを言うなら、依存症や、（自分自身もしくは他人に対する）虐待、うつ病、躁病といった症状とも関わりがあるのだ。実際、このような人々のことを調べて分かったのは、こうした衝動や混乱、欠点と闘い、打ち勝ったときに最高の仕事をしたということだ。エゴという重荷から解き放たれて初めて、本来の力を発揮できるのである。

そのため、ハワード・ヒューズ、ペルシャ王クセルクセス、ジョン・デロリアン、アレクサンドロス大王といった人物にも目を向け、現実を見失った教訓談として取り上げる。その過程で、エゴの暴走がいかに危険であるかを明らかにしようと思う。彼らが身をもって学んだ教訓、惨めな自滅という形で支払った代償を一緒に見ていこう。輝かしい成功を収める人物でも、謙虚さと身勝手さの間を揺れ動き、問題を招いてしまうことがあるのだ。

エゴを取り除けば、残るのは現実しかない。エゴの代わりとなるものは、もちろん謙虚さである。それも、岩のように強固な謙虚さと、それから自信である。エゴというものは不安定で脆いが、この種の自信はちょっとやそっとのことでは揺るがない。自信は努力によって勝ち取るものだが、エゴは知らぬ間に忍び寄ってくる、自画自賛の強がりだ。前者は君を守り、後者は君を惑わせる。良薬と毒薬の違いだ。

これから見ていくが、まさにこの自信が、控えめで軽んじられていた一人の将軍を、アメリカ南北戦争で最高の戦士、戦略家へと変貌させた。エゴにとりつかれた別の将軍は、同じ戦争のあと、権勢の絶頂から転落し、極貧と恥辱へ追いやられた。自信の力は、物静かでまじめなドイツの女性科学者を新しいタイプの指導者に、さらには平和への力に変身させた。一方エゴは、二〇世紀を生きた二人の違う分野の、だがどちらも聡明で大胆なエンジニア精神の持ち主にとりついた。二人はそれぞれ誇大宣伝を繰り返して名声をほしいままにしたものの、やがて失敗、破産、醜聞、妄想の暗礁に乗り上げて沈没した。また自信の力はＮＦＬ（ナショナル・フットボール・リーグ）の歴史上最悪のチームを三度もスーパーボウルへ導き、最強の王朝に仕立て上げた。同じように不利な予測を覆したコーチや政治家、起業家、作家は数知れないが、結局は皆エゴのせいでスポットライトの座を譲り渡した。

　謙虚さを学ぶ者もいれば、エゴを選ぶ者もいる。運命の浮き沈みに備えておく者もいれば、何もしない者もいる。君はどちらを選ぶ？　どんな人間になりたいと思うだろうか。

　この本を手に取ったということは、いつかはこの問いに答えなければいけないと、心のどこかで感じているからだろう。

　ここが出発点だ。さあ、取りかかろう。

Part I

夢

Aspire

これは何かに取りかかる段階だ。何らかの目標なり、使命がある。新たな出発だ。どんな長旅もここから始まる。だが、めざした目的地にたどり着ける者はほんの一握り。たいていはエゴのせいだ。私たちは夢物語をこしらえ、全部分かった気になって情熱のままに突っ走るが、気がつけば情熱の火は消え、何も達成していない。そして、なぜこんなことになるのかと首をかしげる。これがエゴという病の症状だ。その処方箋となるのは、謙虚さと現実感覚である。

TO WHATEVER YOU ASPIRE,
EGO IS YOUR ENEMY ...

どんな夢を追いかけようとも、エゴは敵となる…

たとえ自分の手術でも、手が震えずにできるのが、勇敢な外科医だといわれる。一方、己の行為の醜さを覆い隠す、あやしげな自己欺瞞《ぎまん》というベールを躊躇なく脱ぎ捨てられる人も、負けず劣らず勇敢である。

アダム・スミス（イギリスの経済学者・哲学者）

紀元前三七四年ごろ、アテネで最も高名な教育者であり弁論家でもあったイソクラテスは、デモニコスという若者に手紙を書いた。若者は父親を亡くしたばかりで、イソクラテスは若者の父親と生前親しかったので、父のように生きるにはどうすればよいか助言したかったのである。

助言は実際的なものから倫理的なものまで多岐にわたった。そのどれもが、イソクラテスの言う「気高い格言」をもって伝えられた。「来る年月のための教訓」だとイソクラテスは言った。デモニコスは若者の常として野心にあふれていた。野心の道は危険がいっぱいであり、イソクラテスはそれをたしなめようとした。まず、こう伝えた。

「華美な装飾を避けなさい。慎み深さや正直、自制心ほど君に似合う飾りはない。こうした徳があれば、若者特有の気質が度を過ぎることはないのだ」

続いて「自分を律しなさい」と述べ、「気分や快楽、苦痛」に翻弄されてはいけないと警告した。そのうえで「調子のいいことを言っておだててくる人がいたら、ペテン師だと思って退けなさい。どちらの人種も信用すれば痛い目に遭う」。

イソクラテスはさらにこう諭した。「近づいてくる者と気さくに付き合い、けっして偉ぶらないように。傲慢で思い上がった人間は奴隷からさえ鼻つまみにされる」。そして「じっくり物事を考え、しかし決めたことはすぐに実行しなさい」と述べ、「人間のもち得る最大の徳は、優れた判断力だ」と断言。常に知性を磨くように勧め、「最小の器で最大の事を成そうというのが、人間の肉体における健全な精神のあり方だ」と述べた。

ここに書いた助言には見覚えのあるものもあるかもしれない。というのも、これはその後二〇〇〇年間伝え継がれ、ウィリアム・シェイクスピアに伝わったからだ。シェイクスピアはしばしばエゴの暴走について警句を吐いた。事実、『ハムレット』では、まさにこの手紙をモデルに、イソクラテスの言葉をポローニアスに語らせた。ポローニアスが息子のレアティーズに語る場面である。ご存じの方もいるだろうが、このせりふは次の短い詩行で終わる。

何より大事なのは、自分に忠実であることだ
そうすれば夜が昼に続くように自然と、
他人に対しても忠実にならざるを得なくなる
では行くがいい。わしの言葉、しかと心に留めておけ

シェイクスピアの言葉は巡り巡って、アメリカの若き陸軍将校、ウィリアム・テクムセ・シャーマンに受け継がれた。やがてアメリカで最も偉大な将軍ないし軍事戦略家と呼ばれる存在になった男だ。シャーマンはイソクラテスのことを知らなかったかもしれないが、この戯曲を愛し、まさにこのせりふをよく引用した。

デモニコスと同様、シャーマンも幼いころに父親を亡くしていた。そしてやはり同じように、聡明な年長者の庇護を受けた。シャーマンの場合は、トマス・ユーイングというまもなく上院議員になろうという男で、シャーマンの父親の友人だった。この男が少年を養子に迎え、我が子のように育てたのだ。

興味深いことに、シャーマンは大物の養父をもったにもかかわらず、周囲にはせいぜい地方で名を上げるくらいだろうと思われていた。まさかこの少年が後年、「合衆国大統領への就任を拒否する」

という前代未聞の挙に出るとは誰も予想し得なかった。ナポレオンのようなタイプはどこからともなく現れて栄光をつかむものの、失敗して消えていくのもまた早い。シャーマンはむしろ、ゆっくりと一歩ずつ階段を上がっていくタイプだった。

シャーマンは陸軍士官学校《ウエストポイント》で青年期を過ごしたのち、軍人となった。最初の数年間は馬に乗ってアメリカ中を駆けめぐり、さまざまな任地で少しずつ職務を覚えていった。南北戦争が始まりそうだという噂を聞くや、東部へ赴いて北軍への従軍を志願し、ただちに「ブルランの戦い」に投入された。

戦いは北軍の惨敗といってよかった。深刻な指揮官不足に助けられてシャーマンは准将に昇格し、リンカーン大統領ならびに最高軍事顧問との会見に呼ばれた。シャーマンは数度にわたり大統領と腹蔵なく戦略や計画を話し合ったが、訪問の最後に一つ妙なお願いをした。今度の昇格はお受けするつもりですが、その代わり自分が一切指揮を執らないことを約束していただきたいのです。リンカーンは承諾しただろうか？　もちろん快諾した。ほかの将軍たちといえば、なるべく高い地位を、大きな権力を求めてくる連中ばかりなのだから。

当時のシャーマンにとってはナンバーツーのポジションのほうが居心地がよかった。自分の能力を素直に見つめると、この役割が一番しっくりきた。想像してみてほしい。野心あふれる男が責任ある地位への出世を拒む。将来、その地位にふさわしい力をつけたいという理由で。それはそんなにおかしなことだろうか？

とはいえ、シャーマンもいつも自制と秩序の鑑《かがみ》だったわけではない。戦争の初期、不十分な兵力でケンタッキー州の防衛を任されると、もともともっていた誇大妄想癖と自分を疑う傾向がまずい形で組み合わさってしまった。兵力が不十分なことを騒ぎ立て、敵の動きを必要以上に恐れ、被害妄想にとりつかれた。そしてとうとうルールを破って新聞記者に軽率にしゃべり散らし、その後に起こった論争の責任をとって一時的に指揮官の任を解かれた。復帰するのに数週間の休暇を要した。着実に出世の階段を上っていたシャーマンにとっては、数少ない失敗だ。

この小さなつまずきと、そこから学んだ教訓を糧にして、シャーマンはいよいよ真価を発揮し始める。たとえばドネルソン砦の包囲戦では、シャーマンは肩書き上、ユリシーズ・S・グラント将軍より上の階級だった。リンカーン配下の将軍たちは皆、功成り名を遂げようと互いに争っていたが、シャーマンだけは肩書きに執着せず、自分で命令を下すよりも潔くグラントを支え、援護する道を選んだ。「これは君のショーだ」と、シャーマンは補給物資に添えた手紙で伝えた。「私にできることがあれば何でも言ってくれ」。そして、二人で力を合わせて勝利を収めた。北部連合にとって初勝利の一つだった。

その後も次々と成功を収め自信をつけたシャーマンは、かの有名な「海への進軍」を提唱し始めた。戦略的には大胆きわまる計画だったが、何か天才的な着想の産物というわけではなく、シャーマン自身が青年将校のころに斥候《せっこう》（当時は時代遅れの無意味な仕事だと思われていた）として学んだ、正確な地政学の知識に基づくものだった。

かつてのシャーマンなら慎重になっていたところだが、今では自信をつけていた。といっても、世の野心家たちの大言壮語とは違い、シャーマンのプランは己の経験と努力から生まれたものだ。チャタヌーガからアトランタ、そしてアトランタから海への道を切り開きながら、シャーマンは従来の戦闘をことごとく避けた。軍事史を学んだ者なら分かるだろうが、もしもシャーマンの進軍が強い目的意識ではなくエゴに駆り立てられたものだったなら、まるで違う結末を迎えていたであろう。

シャーマンは現実を見ていたから、誰もが無理だと思っていた南部を突っ切るルートを見いだすことができた。シャーマンの軍事戦略理論は次の二点を要《かなめ》としていた。敵に正面から攻撃を仕掛けない。つまり力を誇示するように敵の大兵団と直接ぶつかりあうことはしないこと。そして、敵の挑発や誘いには乗らないこと。シャーマンは外野の騒音には耳を貸さず、自分の計画を貫いた。

戦争が終わるころには、シャーマンの名はアメリカ中にとどろいていた。しかしシャーマンは政府のポストは求めず、政治から距離を置き、ただ己の仕事に専念することだけを望み、それを果たすとそのまま引退した。そうした成功につきものの絶え間ない称賛によって天狗にならず、友人のグラントに手紙で警告した。

「己を見失わず、自然体でおりますように。このきらびやかな称賛は褒めそやしにすぎず、暑い夏の日に海から吹きつける心地良いそよ風と同じ、一瞬で過ぎ去るものです」

シャーマンの伝記作家の一人が、この男の人柄、そしてその独特な功績を見事にまとめた文章がある。私たちが成功をめざそうとするこの段階でなぜシャーマンが模範となってくれるのか、これを読めば分かる。

名声を得て高みに登り詰めた人には二種類いる。もともと自分に自信があるタイプと、自分の力で成果を上げることで徐々に成長していくタイプ。後者にとっては、自分が成功を収めていることが常に驚きであり、その果実は一層美味であるが、それでもなおこれは全部夢ではないかという疑いが消えず、反省を怠らない。まさにこの疑いの中に、真の謙虚さがある。うわべだけの謙遜した振りではなく、ギリシャ的な意味での「節度」をもった謙虚さ。つまり、見せかけではない、本物の謙虚さである。

そこでこんな疑問が浮かぶ。実際の成果ではなく自分に自信があるというのはどういうことなのだろう？　いったい何を根拠に自信が生まれるのだろう？　答えは――特に駆け出しのころは――「何もない」だ。あるのはエゴだけ。だから急激に成功の階段を駆け上がったあとで、痛ましい転落を遂げる者がこんなにも多いのだ。

君はどちらのタイプになりたいだろうか？

シャーマンも私たちと同じく、特に若いころは、才能と野心と情熱のバランスをとるのに苦労した。この葛藤を克服したからこそ、やがて訪れた成功のチャンスをつかみ、人生を変えることができた。

なんだかおかしな話だ。イソクラテスとシェイクスピアは私たちに、自制心と主体性をもち、原則に従って生きるよう説いているのに、私たちはたいていその反対の生き方を教え込まれている。私たちの文化の価値観に従えば、他人に認められたくて仕方なく、自分を特別な存在だと思い込み、感情の赴くままに行動する、そんな人間がどんどん増えていく。私たちの世代は、親や教師から、何より「自尊心」をはぐくむように教えられた。だから、世の著名人や指導者《グル》たちは、私たちを鼓舞し安心させようと、いつもお決まりのテーマを叫ぶ。「やろうと思えば何でもできるのだ」と。

だが現実を見れば、私たちはかえって弱くなった。もちろん君には、あふれる才能と輝く未来がある。天才少年や「何にでもなれる女の子」みたいに。私たちはある意味で自分が成功して当然だと思っている。だから君も有名大学に入れたし、事業に必要な資金を確保できたし、就職ないし昇進できたし、転がり込んだチャンスをつかめたわけだ。ただし、音楽家のアーヴィング・バーリンが言うように「才能とは出発点にすぎない」。問題は、才能を生かし切ることができるかだ。それとも、自分自身が最大の敵となり、燃え上がったばかりの火を消してしまうか。

シャーマンというのは、現実と深く結びついた人物だった。何も持たずに生まれ、偉大なことを成し遂げたが、自分が何か特別な存在だとは夢にも思っていなかった。実際、シャーマンはどんなときも他者の意見を尊重し、チームの勝利に貢献することを何より喜んだ。たとえその結果、自分の評価や名声が落ちることになったとしても。南北戦争で南軍のピケット将軍が行った、勇ましく華々しい突撃作戦については、大失敗に終わったにもかかわらず、何世代にもわたりアメリカの若者たちに語り継がれてきた。その一方でシャーマンのように、堅実だが華はない現実主義者のモデルは忘れ去られ、ときに軽んじられることもある。嘆かわしいことだ。

己の実力を見定める能力こそ、何より重要なスキルだと言っていい。それがなければ成長など望めないからだ。エゴのせいで成功への旅路が険しくなるのは間違いない。自分の才能や強みに酔っていれば心地よいだろうが、それでいったいどうなるというのか。尊大さと自己陶酔は成長の邪魔だ。空想や「ビジョン」を描くのも同じこと。

この段階で重要なのは、少し距離を置いて己を見つめ、自分の考えから抜け出せるようになることだ。客観的な視点に立つことは、エゴに対する天然の解毒剤となる。我を忘れて自分の仕事にのめり込むことは、実はすごくもなんともない。ナルシストなら誰でもそうするはずだ。生まれつきの才能もスキルも、さらには自信も、特に珍しいものではない。むしろまれなのは、謙虚さと勤勉さ、そして己を知ることだ。

真に価値ある仕事をしたければ、現実から出発するほかない。一時の成功に終わりたくなければ、長いスパンで物事を考える習慣が必要だ。

夢をかなえるためには、大きく考えつつも小さく行動し、小さく生きる必要がある。行動と学習を重視し、称賛と地位には背を向けるため、華やかな道のりとはならない。むしろ地道に一歩ずつ前進し、時間をかけて学びながら成長していくのである。

私たちの競争相手は皆、攻撃的で、やかましく、自分に酔い、自画自賛に明け暮れ、そうやって自分の首を絞めていることに気づいていない（その愚かさについても無自覚）。

「天才とは疑念や内省とは無縁の自信家である」「芸術家とは苦悩に満ち、作品のためには健康を犠牲にしなければいけない」――こうした神話を打ち砕こう。現実からも他者からも遊離した人々を尻目に、私たちは現実とも他者とも結びつき、向き合い、そこから学ぼう。

チャーチル元首相はこう言った。

「夢より現実のほうがずっと素晴らしい」

偉大なビジョンを描くという点では、私たちも世の野心家たちと同じだ。しかし、そのために歩む道のりはまるっきり違う。シャーマンやシェイクスピアが教えてくれたように、エゴはその旅路で最大の敵となる。私たちが本当に成功をつかんだとき、エゴのせいで沈むことなく、むしろもっと強くなれるように――今から準備をしておこう。

沈黙は力

言う者は知らず、知る者は言わず。

老子（古代中国の哲学者）

アメリカの小説家であり社会活動家でもあったアプトン・シンクレアは、一九三四年にカリフォルニア州知事選に立候補し、その選挙戦で前代未聞の行動に打って出た。選挙が始まる前から『カリフォルニア州知事たる私は、いかにして貧困を解消したか』と題した薄手の本を出版し、その中で過去・時制で自分が知事として実現した輝かしい政策を並べてみせたのだ……選挙にまだ勝ってもいないというのに。

型破りの選挙運動から飛び出した型破りの策であり、シンクレアの最大の資質を生かそうという狙いがあった。作家であるシンクレアには、ほかの候補にはできないやり方で有権者にメッセージを届けられるという自信があった。現在から見ると、シンクレアの選挙運動はギャンブル同然で、本を出したのも失敗と言ってよかった。ところが当時の人々の証言によれば、本の出版はシンクレア本人に思いもよらない効果を及ぼした。同じく作家のカレイ・マックウィリアムスが、友人の知事選への熱が冷めていく様子を語っている。

「自分の負けを悟っただけでなく、選挙戦への関心まで失ったらしい。自分の未来像をあれほど鮮明に思い描き、『カリフォルニア州知事たる私』の役割を演じ切ってしまった……今さらわざわざ現実生活でそれを演じようと思うだろうか」

本はベストセラーとなり、選挙運動は失敗に終わった。シンクレアは二五万票ほどの差（一〇%以上の差）をつけられて敗北した。シンクレアが完膚なきまでに打ち砕かれたこの選挙は、おそらく最初の近代的な形式のものだった。何が起きたかは明白だ。シンクレアの語る言葉が現実の選挙運動より先を行きすぎ、その溝を埋める意志が失せてしまったのだ。普通の政治家はこの手の本を書かないが、考えが先走りするという点ではまったく同じだ。

そうした誘惑は誰にでも存在する。行動する代わりに大げさにしゃべることだ。フェイスブックを開くと、空白のテキストボックスが「今何してる？」と尋ねてくる。ツイッターなら「新しいツイートをつくりましょう」と誘う（※執筆時の情報）。読んだばかりの記事の下部にはコメント欄。

空白のスペースが、君の考え、写真、ストーリーで埋めてほしいとせがむ。これから何をするつもりか、物事がどうあるべきか、どうなるはずだったか、これからどうなってほしいか。テクノロジーが君を誘い、促し、求めてくる——もっとしゃべれと。

私たちがソーシャルメディアに書き込む内容は決まってポジティブだ。「こんなにうまくいっているんだ。こんなに私はすごいんだ」といったものがほとんど。しかし、それが事実であることはめったになく、「不安だ。もがいている。分からない」といったあたりが本心だろう。

どんな旅に乗りだすにせよ、初めのうちはドキドキしてナーバスになるものだ。そこでなんとか不安を解消しようとするのだが、その活路を、自分の内部ではなく外部に求めてしまう。そこが私たち人間の弱い面だ。労働組合を例に挙げよう。別に悪気はないのだろうが、さんざん議論した末に何一つ実行していないことが後ろめたく、その埋め合わせをするかのようにやたらと成果を喧伝したり注目を集めようとしたがる。そうした面をエゴと呼ぶのだ。

ブログメディア「ゴーカー」の元ブロガーで作家のエミリー・ゴールド——人気ドラマ『ガールズ』のハンナ・ホルバートを地で行くような女性——は、初めて小説を出そうともがいた二年間に、エゴの怖さを思い知った。六桁に上る報酬額の契約を結びながら、ゴールドは行き詰まっていた。なぜ？インターネットばかりして時間がなかったからだ。

「二〇一〇年に私がしていたのはインターネットだけ。タンブラーやツイッターに投稿して、画面をスクロールする。一セントにもならないのに、仕事みたいに感じていた。自分の習慣をいろんなふうに正当化した。自分のブランドを作っているんだ、ブログを書くのはクリエイティブな行為なんだって。他人の投稿を自分のページにリブログする『キュレーティング』でさえ、クリエイティブな行為といえなくもない。それが唯一、私がしていたクリエイティブな行為ってわけ」

ゴールドの話は他人事ではない。私たちも大きな仕事を前に不安になったり気圧されたりすると、同じようになる。ゴールドは何でも一生懸命やっていたが、するべき仕事だけはお留守だった。その間、肝心の小説は完全にストップした。丸一年も。

書くことについて語るのはたやすい。芸術や創作や文学に関していろいろ楽しいイベントや仕掛けをするのもたやすい。しかし作品自体に精魂傾けて打ち込むのは難しい。ゴールドだけではない。『ワーキング オン マイ ノベル（Working On My Novel）』という最近出た本を読むと、どう見ても執筆活動に取り組んでいない作家たちが、ソーシャルメディアに逃げている例がわんさと載っている。

書くというのも創作行為の一つで、骨の折れる大変な作業だ。じっと座って集中し、自分自身と、そして素材と格闘する。書き上げた作品には納得がいかないし、自分の能力や資質にも疑問を感じ始める。実際、新興企業《スタートアップ》を立ち上げるにせよ、何らかの技能を習得するにせよ、意義のある取り組みというのは骨の折れるものなのだ。しかしただしゃべるだけなら、いつでも簡単だ。

　私たちは心のどこかで、沈黙は弱さのしるしだと思っている。無視されることは死に等しい、と（実際、エゴにとってはそうなのだ）。だから私たちは、しゃべってしゃべってしゃべりまくる。まるでそこに人生がかかっているかのように。

　本当のことを言えば、沈黙は力なのだ。旅の初めの段階では特にそうだ。哲学者のキルケゴール（新聞とそのおしゃべりを忌み嫌っていた）は警告した。

「くだらない無駄話は、実のある話を先取りしてしまう。頭の中にある考えを軽率に口にすると、行動に移す力が弱まってしまうのだ」

　これこそが「しゃべること」の恐ろしい実体だ。自分について話すことは誰にでもできる。小さな子供でもうわさ話や無駄話の仕方くらい知っている。自分を大げさに宣伝し売り込むことは、もはや当たり前だ。では皆がやらないこと、欠いているものは何だろう？　それは沈黙だ。意識して口をつぐみ、他人の称賛を求めなくてもやっていける強さをもつこと。自分に自信がある強い人間にとっては、沈黙こそが息抜きになるのだ。

　前節で紹介したシャーマンは、一つのルールを己に課していた。

「何かを考えたりしたりするのは、本当にその必要があるときまでとっておけ。しばらくすれば、もっと良い理由が浮かぶかもしれないから」

野球とアメフトのマルチプレーヤーとして活躍したボー・ジャクソンは、まだオーバーン大学に在学していたころ、アスリートとして二つの目標を立てた。大学フットボールの年間最優秀選手賞であるハイズマン賞を獲ることと、NFL（ナショナル・フットボール・リーグ）でドラフト一位指名を受けること。それをジャクソンは他人に話しただろうか？　いや、恋人以外には誰にも話さなかった。

無駄口をたたかず沈黙を貫くことは、戦略上とても有利だ。自分でひそかに決めた目標を自分のペースで追いかけられるから。おまけに沈黙には心理学上の効果もある。ギリシャの詩人ヘシオドスはこれを念頭にこう言った。

「人間の何よりの宝は重い舌である」

しゃべることでエネルギーを消耗し、戦いに必要な活力を奪ってしまう。さまざまな研究によると、目標を思い描くことはたしかに大事だが、やりすぎると本当に進展しているかのような錯覚を起こすという。言葉にすることも同じで、難問に取り組んでいる最中に独り言を言うだけで、画期的な解決策が出にくくなる。問題について考え、声に出して説明するうちに、解決に近づいたかのような気になり始めるのだ。ひどい場合、手に負えないとみるや、ベストを尽くしたのだからと問題を丸ごと放り投げてしまう。もちろんベストを尽くしてなどいないのにである。

難しい問題であればあるほど、そして結果が読めないほど、話す代償は高くつき、負うべき責任から逃げることになる。作家のスティーヴン・プレスフィールドは、私たちとクリエイティブな表現との間に立ちはだかる障害を「抵抗」と呼んでいるが、それを乗り越えるために不可欠なエネルギーが、しゃべり散らすことで霧散してしまうのだ。成功するには一〇〇%の全力投球が必要なのに、べらべらしゃべることで気が散り、エネルギーが失われてしまう。

しかしたいていの人は、この誘惑に屈してしまう。重圧やストレスを感じたとき、多くの仕事を抱えたときなどに、特にそうなりやすい。成功を築いていく過程では、プレスフィールドの言う「抵抗」にいつも苦しめられる。話すという行為――自分自身を相手に、あるいは聴衆に向けて――はまるで自己セラピーのようだ。「ちょっと待ってくれ。私は今四時間もこうして話したんだ。これが全部無駄だったと言うのか」。残念だがそのとおりだ。

偉大な仕事をするというのは一種の闘いである。ヘトヘトになり、意気はくじけ、恐怖や不安に襲われる。いつもではなくても、闘いの渦中にいるときはそんな気持ちを味わう。先が見えない不安、その空白《ボイド》を埋めるために皆しゃべるのだ。寡黙な俳優の代名詞、マーロン・ブランドはこう言った。

「空白の恐ろしさに普通の人は耐えられない」

それはまるで、沈黙に襲われているような、沈黙という壁が立ちはだかっているような感覚だ。エゴの言いなりになって長年自分を欺いてきた人には、特に耐えがたいだろう。その弊害をこれほど言い立てるのには理由がある。偉大な仕事や芸術というのは、この空白との格闘から生まれてくるのだ。空白からしっぽを巻いて逃げだすのではなく、立ち向かうことが大切だ。何かに挑戦するとき――新しい分野の研究をする、事業を起こす、映画をつくる、メンターを見つける、何か意義のある活動を推進する――しゃべって気晴らしをするか、真っ向からぶつかっていくのか。君はどちらだろうか？

ちょっと考えてみよう。ある世代を代表する「声」といわれるものがある。その声は歌であったり、スピーチであったり、本であったりするが、けっして自分から世代の代表を名乗っているわけではない。むしろその声は、ほとんど語っているようにさえ思えない。重量のある作品とはいえないかもしれないが、密度は濃く、強く訴えかけてくる。

そうした作品をつくる人は、世界の片隅で黙々と仕事をしている。内面の葛藤を作品にぶつけ、やがて静謐《せいひつ》の境地に達する。何もしていないのに認められたいという欲求には流されない。無駄口はたたかない。世間で注目や脚光を浴びている人をうらやまない。自分の仕事に夢中で、余計なことを考える暇がないのだ。そしてとうとう口を開くとき、努力と自信に裏づけられたその言葉は説得力をもつ。働くことと話すことの関係はただ一つ、一方が他方を殺すということだ。

ほかの人たちが何もせず、互いに褒め合っているのを横目に、君は研究室で実験にいそしんだり、体育館で練習に励んだり、足を棒にして仕事を探し回ったりする。それでいい。

さあ、その隙間にフタをしよう。顔の中央に開くその災いの穴を閉じてしまおう。君に必要な生命力がそこからどんどん流れだしてしまう。口を閉じるだけですべてが変わる。いったいどんな変化が訪れるのか見てみよう。

TO BE OR TO DO?

偉くなるべきか、務めをなすべきか

この人格形成期には、魂はまだ世界との闘いで汚されていない。パロス島の白色大理石の無垢な原石のように、何かに加工されるのを待っている。でもいったい何に？

オリソン・スウェット・マーデン（アメリカの成功哲学者）

ジョン・ボイドという男をご存じだろうか？　現代の戦闘術に途方もない影響を与えた戦略家である現場の軍人だ。おそらく耳にしたことのない名前だろう。

ボイドは戦闘機のパイロットとしても優秀だったが、それにも増して優れた教師であり理論家であった。朝鮮戦争でパイロットとして活躍したのち、ネバダ州ネリス空軍基地内のエリート養成機関「戦闘機兵器学校」で主任教官となった。ボイドには「四〇秒のボイド」の異名があった。飛行訓練で学生と勝負するたび、どんなに不利な位置からでも、四〇秒あれば相手を負かしてしまったからだ。数年後にはひそかに国防総省《ペンタゴン》勤務を命じられ受諾した。ボイドの真の仕事が始まったのはそれからだ。

普通の人がボイドの名を知らないのは無理もない。一冊の本も出さず、論文も一本しか書かなかったからだ。映像がわずかに残っているだけで、ほとんどメディアで取り上げられたこともない。三〇年近く申し分なく勤め上げたにもかかわらず、階級は大佐止まりだった。

しかしボイドの理論は軍のほぼ全部門で、機動作戦のありかたを一変させた。ボイドの生きていた時代に限らず、後の世代にまで多大な影響を及ぼした。軍用機の新時代を開いたF15、F16両戦闘機はボイドお気に入りのプロジェクトだった。ボイドは主にアドバイザーとして影響力をふるっていた。ボイドが行った数々のブリーフィングは今や伝説となっている。同時代の名高い軍事理論家はほぼ全員、ボイドのブリーフィングをとおしてその教えと薫陶《くんとう》を受けた。湾岸戦争での「砂漠の盾作戦」に際しても、ボイドは戦争計画について助言をしたが、それは国防長官にじかに会って伝えたもので、公式の政策提言という性格のものではなかった。ボイドが何か変化を起こしたいときには、自分が指導し、庇護し、教え、励ました教え子たちがいつも力になってくれた。

ボイドの名を冠した基地はなく、戦艦もない。ボイドは引退するとき、自分が忘れ去られることを分かっていた。自分名義の小さなアパートと年金しか残らないだろうと。ボイドには間違いなく、友人より敵のほうが多かったのだ。

実に奇妙な生き方だ。だが、ボイドが自らこんな生き方を選んだのだとしたら？　そのおかげでボイドはあれだけの影響力をもてたのだとしたら？　それでも馬鹿げているといえるだろうか。

実を言えばボイドは、目をかけている将来有望な若者たちに教え込んでいた教訓を、自分も実践していただけなのだ。ボイドが何か非凡な才能を感じ、将来を期待していた若者たちだ。そんな彼らにはたぶん、私たちと似た点がたくさんある。

ボイドが一九七三年に愛弟子の一人にした話を、ここで紹介しよう。ボイドは、その青年将校の人生に重要な転換点が訪れているのを感じとり、呼び出して話をした。大きな野心を抱く若者の常として、この将校も無防備で感じやすかった。風が吹けばどこへでも飛んで行ってしまう一片の葉のようであり、ボイドにはそれが手に取るように分かった。その日、若者が聞かされたボイドの話は、その後も繰り返し語られることになり、やがて一種の伝統に、先進的な若手軍幹部にとっての通過儀式となった。

「勇者よ、君はある日、分かれ道に出くわすだろう。そのとき、どちらへ進むのか決めなくてはいけない」と、ボイドは若者に言った。そして両手で左右の分かれ道を示しながら、こう続けた。「こちらの道を行けば、偉くなれる。しかし自分の志を曲げ、友人に背を向けることになる。その代わりエリートクラブの仲間入りをし、出世をして良い地位に就ける」。そこでボイドはひと呼吸おいて、もう一つの道を示した。「それとも、こちらの道を行けば、何かを成し遂げることができる。国のため、空軍のため、そして自分自身のために。何かを成そうと決めたら、出世は無理かもしれないし、良い地位にも就けないかもしれない。上官に気に入られないことは言うまでもない。それでも自分の魂を売り渡さずにすむ。友人にも自分自身にも正直でいられる。そして、何か世界を変えるような仕事ができるかもしれない。偉い人間になりたいのか、偉大なことを成したいのか。人生ではときに点呼のラッパが鳴り響く。そのときがきたら、決断を下さなくてはいけない」

そして最後にこう言った。

「偉くなるべきか、務めをなすべきか、君はどちらの道を選ぶ?」

この言葉はこの青年将校だけでなく、ほかにも幾多の若者に影響を与え、生涯にわたって彼らを導く道しるべとなった。

人生でどんな志を立てようとも、たちまち現実が若者の理想を侵し始める。この現実はいろんな名前や形をとる——報酬、義理、名声、政治的駆け引き等々。いずれの場合も、「なすべきこと」から「なるべきこと」へ、「努力」から「格好だけ」へと、たちまち道を外れだす。エゴのせいでこんなふうに自分を欺くようになるのだ。だからボイドは若者に気づかせたかった。用心しなければ、身を捧げようと決めた仕事に従事するうちに、あっという間に当初の志を忘れ、堕落してしまうということを。

どうしたら道から外れずにすむのか? 私たちはつい、見せかけの成功のイメージにとらわれてしまう。ボイドのいた世界では、肩につけた星形の勲章の数や、職務内容、任地といったものが成功の証しであると、本気で信じられていた。ほかの世界でも似たものはいくらでもある。仕事の肩書き、通ったビジネススクールの名前、部下の数、駐車スペースの場所、獲得した補助金の額、ＣＥＯとのコネクション、給料の額、ファンの数……。挙げればきりがない。

見かけにだまされてはいけない。権威があることと権威になることは違う。権利《ライト》があることと正しく《ライト》振る舞うことも違う。昇進したからといってよい仕事をしているとはかぎらないし、昇進に値するともかぎらない（官僚組織ではよくあること）。単に立派に見えるだけなのと、本当に立派であるのとはまったく違う。

君はどちらがいい？　どちらの道を選ぶだろう？　人生ではときに点呼のラッパが鳴り響き、選択を迫られるのだ。

ボイドにはこんな逸話も残っている。空軍の将校を集めて歓談したり講義したりしながら、黒板にでかでかと「義務、名誉、国家」と書く。それを横線で消すと、代わりに「プライド、権力、欲望」と書く。ボイドが言わんとしたのはこういうことだ。兵士たちは軍の制度や組織の中をうまく渡って出世をめざすわけだが、まさにそのために自分たちが尽くそうとしている大義を汚してしまいかねない。歴史家のウィル・デュラントによれば、国家というのは生まれたときはストイックでも、死ぬときは快楽主義に染まっているという。そんな悲しい真実をボイドは示そうとしたのだ。美徳がいかにして堕落してしまうのかを。

私たちはこの短い人生でこれまでに何度こんな光景を目にしてきたことだろう。スポーツや人間関係、仕事のプロジェクトで、あるいは最愛の人々に対して。これこそエゴの罠だ。大事なことに横線を引いて消し、大事でないこと、いや愚かなことにすり替えてしまう。

世界を変えようと思う人はたくさんいるし、それ自体はよいことだ。自分の仕事で一番になりたいと思うのも分かる。役立たずになりたい人なんていない。でもそれはそれとして、ボイドが黒板に書いた三つの言葉のうち、今の君に当てはまるのはどれだろう？　どれを実践しているだろう？　君の燃料は何だろうか？

ボイドが示してくれた選択肢は、詰まるところ、目的の話になる。君の目的は何だろう？　何のためにここにいるのか？　こんなことを尋ねたのは、目的について考えることで「偉くなるべきか、務めをなすべきか」という問いに答えやすくなるからだ。大事なものが自分ならば――名声を得る、組織の中で居場所を確保してのうのうと生きる、安逸な生活を送る――という具合に、進む道ははっきりしている。人に気に入られるようなことを口にする。黙々と大事な仕事に取り組むよりも、手っ取り早く注目を浴びようとする。昇進の話があれば迷わず受け入れ、自分が選んだ業界や分野で優秀な人々がとる道を追随すればいい。嫌な仕事も我慢してこなし、やることリストにチェックをつけ、自分の時間を犠牲にし、基本的に前例を踏襲する。名声や収入、肩書きを追い求め、来るものは拒まずに受け入れる。

アメリカの黒人活動家フレデリック・ダグラスはこう言った。

「どんな生き方をするかで人生は決まる」

ダグラスは知っていたのだ。自分自身、奴隷の出身で、奴隷制というものが、その網にとらわれたすべての人々に――主人たる奴隷所有者も含めて――どんな影響を及ぼすのかを。自由の身になってからも、周りの人々の生きざまから、キャリアや人生についての選択が本人に返ってくるのだということを知った。時間やお金とのつきあい方で人生が決まるのだ。ボイドも説いたように、自己中心的な道を歩む者は当然、さまざまな妥協を迫られる。

君の目的が単なる利己心を超えたものならば――何かを成し遂げるとか、自分自身に何かを証明するとか――、急に何もかもが楽になり、同時に難しくもなる。自分がすべきことは何か、自分にとって重要なものは何かが分かるという意味では楽になる。そのほかの「選択肢」は消えてしまう。本当は選択肢でもなんでもなく、ただの脱線だからだ。大事なのは他人に認められることではなく、自分の務めを果たすことだ。主義を曲げなくてもいいという点では楽になる。

一方で大変な点もある。チャンスに出くわすたび、それがどれほど虚栄心を満たしてくれても、また報酬が大きくても、己に課した厳格な基準に従って吟味しなければならない――自分が決めた目的にかなうことか？　自分の務めを果たすうえで必要なことか？　エゴにとらわれていないか？　この過程で大事なのは、「どんな人間になりたいか」ではなく「人生で成し遂げたいことは何か」と考えることだ。自分のことはいったん忘れて、自分に問いかけよう。

「どんな目的にかなうのだろう？　どんな原則に従って選択をしているのだろう？　その他大勢のようになりたいのか、それとも何か特別なことを成したいのか？」

要するに、何もかも妥協に思えてきて大変だということだ。いくつになっても遅すぎることはないが、なるべく早くこの問いかけを自分にしたほうがいい。

ボイドは戦場で、孫子やフォン・クラウゼヴィッツ（プロイセンの将軍）以来どんな理論家も成し得なかったような変化と改善をもたらした。成すべきことのためなら、どんな障害にも敵にもひるまず突き進んだことから「チンギス・ジョン」の異名がついた。ボイドの選んだ道には相応の代償が伴った。そのつましい暮らしぶりから「スラム街の大佐」とも呼ばれていた。ボイドが亡くなったとき、引き出しの中から現金化していない小切手が何千ドル分も見つかった。民間の請負業者から渡されたもので、ボイドは賄賂と見なしていた。

ボイドの階級が大佐止まりだったのは、本人の行いのせいではない。敵対する勢力の妨害に遭い、再三にわたり昇進を阻まれたのだ。つまりボイドは、己の務めを成し遂げた代償として歴史から葬り去られたのである。

今度君が何か偉くなったような気がしたり、名声とアメリカンドリームを混同しそうになったら、この話を思い出してほしい。ボイドのような大人物と比べて自分はどうだろうか、と。

そして今度、人生の分かれ道に立ったときは、こんなふうに自問しよう。

「これをする必要があるのか？　エゴにとらわれているだけではないのか？　正しい決断をする心構えができているのか？　遠くにきらめく富や名声に目がくらんでいないだろうか？」

「偉くなるべきか、務めをなすべきか」――人生は常に君に問いかけてくる。

学ぶ心をもつ

死んだあとにこの世に舞い戻って「ちゃんと訓練しておけば死なずにすんだのに」と後悔しないために。

ニューヨーク消防局トレーニングアカデミーの碑文

一九八〇年代初頭の四月のその日、一人のギタリストに悪夢が訪れ、別のギタリストは夢を手にした。アンダーグラウンドのヘビーメタルバンド・メタリカのメンバーが、ニューヨークで予定されていたレコーディングを前に、急きょ荒れ果てた倉庫に集まり、ギタリストのデイヴ・ムステインにクビを申し渡したのだ。メンバーは言葉少なに、ムステインにサンフランシスコへ帰るバスの切符を手渡した。

同じ日、ムステインと入れ替わるように若きギタリスト、カーク・ハメットが加入した。ハメットは二〇歳を過ぎたばかりの好青年で、エクソダスという別のバンドで活動していた。いきなり新しい生活に放り込まれ、数日後にはメタリカで最初のステージに立っていた。

これこそハメットが生涯待ち焦がれた瞬間だった、と誰もが思うだろう。たしかにそうだ。メタリカは当時、まだ一部でしか知られていなかったものの、成功間違いなしと有望視されていた人気バンドだ。メタリカの音楽はすでに「スラッシュメタル」という既存ジャンルの枠を飛び越え、カルト的な人気を博していた。数年後には世界最強のバンドとなり、やがて一億枚以上のアルバムセールスを記録した。

ハメットが謙虚に己を見つめるようになったのはこのころだ。長年ギターを弾いてきてメタリカに誘ってもらったけれども、まだまだ実力が足りていない。そこで地元サンフランシスコでギターの教師を探すことにした。つまり、憧れのグループに入り文字どおりプロになったけれども、まだ指導を受ける必要があると、ハメットは考えたのだ。自分はまだ学びの途上である、と。ハメットが探し当てた教師は、教師の中の教師という評判で、スティーヴ・ヴァイのような天才ミュージシャンをも指導していた。

ハメットが指導を仰いだ男の名を、ジョー・サトリアーニという（ちなみにサトリアーニものちに名を成し、史上最高のギタリストとたたえられ、その独特で卓越した演奏によって一〇〇〇万枚を超えるセールスを記録した）。サトリアーニは当時、バークレーの小さな楽器店を拠点に活動していた。その演奏スタイルはハメットとは異質のものであり、傍目には不思議な選択に思える。ここがポイントなのだが、ハメットは自分の知らない技を覚えて、基礎を十分に固めようとしたのだ。それもこれも、思いかけずチャンスをもらった、この新しい音楽ジャンルを深く探求していくためだ。

サトリアーニはハメットに欠けているものをはっきり指摘した。むろん才能ではない。「カークって奴は……たいしたギター弾きだ……部屋に入ってきたときに分かった。リードギターをずっと弾いてきたし……速弾きもしてきた。見事な腕前で、コードもほとんど知ってる。あと足りないのは、習得したいろんな名前の技を、ある体系の中でどう演奏するか、どんなふうにすべてを結び合わせるかってことだ」

とはいえ、二人のセッションは楽しい勉強会といった雰囲気ではなかった。ハメットには普通なら嫌がるような指導にも耐える意志があった、とサトリアーニは言う。「あいつは大した生徒だった。あいつの友達とか周りの奴らなら、俺が厳しすぎるって文句を言って部屋を出てっただろうな」

サトリアーニの指導スタイルは単純明快だった。毎週レッスンがあり、その内容を次回までに覚えてこなければいけない。でなければ、皆の時間を無駄にすることになるので、わざわざレッスンに戻ってこなくてもよい。そういうわけでその後二年間、ハメットはサトリアーニの要求をこなし、毎週戻ってきては客観的な評価やフィードバックを受け、ギターの技や音楽理論の研鑽を積んだ。そしてそのギターを抱えて、何千人、続いて何万人、そして何十万人もの観客の前で演奏するようになった。

二年間の勉強期間が終わっても、ハメットはメタリカで弾いているリック（曲のさわり）やリフ（反復楽句）をサトリアーニに聴いてもらっていた。そして、「もっと弾きたい」という衝動を抑える術《すべ》を学び、なるべく少ない音で豊かな演奏ができるようにした。そうした音の調べに耳を澄ませ、感じとり、音楽表現に昇華させようとした。一歩一歩ギタリストとして、またアーティストとして成長していった。

必要な教えを誰かに仰げる力というのは、ただ単に長期間指導を受けるというにとどまらず、エゴや野心を他人の手に預けることでもある。エゴに圧力をかけるようなものだ。自分の実力が「師匠」に及ばないことを認めるのだから。そんな雲の上の師匠につき従い、身を預ける。師匠を欺いたりごまかしたりするのは許されない。何かを究める道で「ハッキング（手抜きをしたり改ざんしたりすること）」は通用しない。あえて言うならば、毎日欠かさずコツコツとハッキングするしかないだろう。日々の努力を怠れば、たちまち落第の刻印を押される。

誰しも、自分より優れた人間がいるとは考えたくない。自分にはまだまだ学ぶことがあるとも思いたくない。やれることはやり、準備はできた。そう考えたがる。それに忙しいし、用事がたくさんある。だから自分の才能や実力を虚心に見つめて足りないところを探すという行為は、人生で最も難しいことの一つだ。だが、何かを極めるには避けて通れない作業でもある。できたふりをするほど危険なことはない。そうでなければ、それ以上の進歩が望めなくなってしまう。そこで終わってしまう。客観的な自己評価に努めることが、それを防ぐ最良の手段となるのだ。

君がロックファンかどうかは別として、ハメットはやがて世界最高のヘビーメタルのギタリストとなり、アンダーグラウンドなムーブメントにすぎなかったスラッシュメタルを、世界中で人気の音楽ジャンルにまで引き上げた。それればかりか、サトリアーニもハメットとのレッスンで自らの技術に磨きをかけ、ひと回りもふた回りも大きく成長を遂げた。師弟が切磋琢磨して、スタジアムを満員にし、音楽シーンをつくり変えたのだ。

総合格闘技のパイオニアで、いくつものタイトルを獲得したフランク・シャムロックには独自の選手育成法がある。その名も「プラス、マイナス、イコール法」。つまり、どんな選手も強くなるには格上の選手から学び、格下の選手に教え、互角の選手に闘いを挑まなければいけない、というものだ。狙いはいたってシンプルだ。自分が何を知っていて、何を知らないかをあらゆる角度から継続的に点検し、真の状態を把握すること。それによって慢心につながるエゴ、自分を疑わせる不安、惰性に走らせる怠惰を一掃するのだ。シャムロックはこう指摘する。

「自分自身を見誤るのは身の破滅です。私も常に一人の学び手であろうと心がけています。武道とはそういうものであり、その謙遜の精神を、成長のために利用しなくてはいけません。信頼できる人に身を委ねるのです」

それにはまず、世の中には自分よりよくものを知っている人がいて、その知識から学ぶことがあると認めることだ。それから、そういう人を探し出して教えを受け、自分自身について抱いていた幻想を打ち砕くのである。

学ぶ心をもち続ける必要があるのは、格闘技や音楽にかぎらない。科学者だって科学の基本原則から最先端の発見まで知っておかねばならない。哲学者だってソクラテスの言うように、深く物事を知るとともにどれだけ自分が無知であるかを知らねばならない。作家だって王道の古典作品を熟読するのはもちろん、同時代の作品にも目を通し、自分の作品と比較して刺激を受けねばならない。歴史家だって自分の専門だけでなく、古代から現代までの歴史を知っておかねばならない。プロのスポーツ選手にはコーチ陣がつき、有力な政治家には顧問やメンターがいる。

なぜだろうか？　優れた仕事をし、かつそれを継続していくには、過去に何が起き、今何が起きていて、これから何が起きるのかを把握しておく必要があるからだ。自分の分野の基礎とそれに付随する事柄を次々に自分のものにしていかなければ、思考が硬直化し、やがて行き詰まってしまう。常に学び続けねばならない。自分で自分を教え、指導し、批判しなければならない。

ハメットだってこういう状態に陥る危険はあった。想像してほしい。自分の選んだロックの世界で、ある日突然スターに、少なくとも未来のスターになったのだ。こんなふうに考えたくなるはずだ。

「やった！　とうとうここまで来た。あいつが追い出されたのはオレより下手だからだ。選ばれたのはオレの実力だ」。もしこんなふうに考えていたら、ハメットの名もメタリカの名も私たちが耳にすることはなかっただろう。なんと言っても一九八〇年代にはヘビーメタルバンドがあふれるほどいて、大半は消えていったのだから。

真に学ぶ心をもった人というのはスポンジのようなものだ。周りのものを何でも吸収し、ろ過して、必要なものをしっかり取り入れる。己を批判し、自らを鼓舞する。理解を深めようと努力を怠らないので、次のテーマへ次の課題へと次々に移っていくことができる。真の学び手というのは、自らの教師ともなり、批判者ともなる。そこにエゴの出る幕はない。

再び格闘技を例にとると、この世界では特に己を知ることが重要だ。対戦相手は常にこちらの弱みを探して攻め立ててくるからだ。格闘家が、日々鍛錬を続けなければ、改善点を貪欲に探し回らなければ、己の欠点を省察しなければ、仲間や敵から新たな技を盗まなければ、必ず打ち負かされ滅ぼされる。

格闘家ではない私たちも、事情はまったく同じだ。私たちも何かを手に入れるため、あるいは何かに抵抗して闘っているのではないのか。君には何か目標があるはずだが、君以外にそれを追いかけている人がいると思う？　実は、誰もいない。君にとっての栄冠を追い求めているのは、君一人というわけだ。

野心あふれる偉人たちがどれほど謙虚に振る舞っていたかを知れば、たいていの人は驚く。「つまり、偉人たちはガツガツしていなかったし、選ばれし者という意識もなかったし、自分の偉大さや運命にも気づいていなかったということ？」

正確に言えば、自分の力を信じてはいたが、学ぶ心を忘れなかったから、いつも謙虚でいられたのだ。「すでに知っていると思うことを学ぶのは不可能である」と言ったのは古代ギリシャの哲学者エピクテトスである。知っていると思ったが最後、学びは止まってしまう。うぬぼれて天狗になり、他人に聞くことができなければ、答えは得られない。自分が一番だと思い込めば進歩は望めないのだ。

フィードバックを、特に厳しく耳の痛いフィードバックを得るのは、人生を渡っていくうえで大事な技だ。ただ受けるだけでなく、自分から積極的に求める姿勢が必要だ。友人や家族から褒められて思い上がっているときほど、ネガティブなフィードバックを求めよう。ただしエゴというのはその手のフィードバックを断固避けたがる。自分から補習クラスに戻りたがる人がどこにいるだろう？　自分がどんな人間かはもう知っている、エゴはそう考える。つまり、自分は素晴らしく、完璧で、天才で、真にイノベイティブな人間だと。そうやって現実から目を背け、一人悦に入る。

エゴはまた「ふ化（成長した姿になること）」に必要な期間を与えてくれない。最終的に望んだ姿になるには長い間、先の見えない不安にじっと耐え、さまざまな課題や矛盾と闘わなくてはいけない。そんなときも謙虚さを忘れなければ、まだ知らないことがあるのではないか、勉強し続けなければという気持ちになるので、辛抱することができる。ところがエゴは一気にゴールをめざそうとする。忍耐とは敗者のすることだと強弁し（弱さの証だと見なし）、自分の才能は世の中に十分通用すると思い込む。

机に向かって原稿を校正するとき、初めての営業プレゼンに臨むとき、最初の店を開く準備をしているとき、舞台稽古で客席を見つめるとき、エゴは敵となる。エゴにそそのかされ、私たちは歪んだフィードバックを自らに与え、現実から遊離する。「自分は間違っていない」と強がる。最もそうなってはいけないときに自己防衛的になってしまう。これ以上改善する必要はないのだと自分に言い聞かせ、成長を止めてしまう。そのくせ、どうして望んだ結果が得られないのか、どうして自分が一番ではないのか、なぜ自分の成功は長続きしないのかといぶかるのだ。

こんにちでは本は安く手に入る。講義も無料で受けられる。教師を見つけるうえで障害はなくなった。テクノロジーが取り払ってくれたのだ。教育を受けられないという言い訳はもはや通用しない。おまけに目の前には、広大な情報の海が広がっている。学ぶプロセスを途中でやめる口実もなくなった。

人生の教師を得るには、ハメットがサトリアーニにしたように授業料を支払うばかりではないし、シャムロックのように道場通いも必ずしも必要ではない。最良の教師はたいてい、ただで手に入るのだ。彼らは進んで教えてくれる。なぜならば彼らもかつては君のように若く、君と同じ目標を抱いていたのだから。多くの者は教えているという意識さえないだろう。彼らはただその人生をとおして範を示してくれる。ときにはそれは歴史的人物であり、書物によってその教えが伝わっている。ところがエゴのせいで石頭の頑固者になると、フィードバックを嫌うようになる。貴重な教えも目に入らず、はねつけられ、手が届かないものになる。

古いことわざにもある。

「生徒に準備ができたとき、教師は現れる」

情熱の落とし穴

君にはほとばしる活気のようなものが欠けているようだ。世の若者を行動に駆り立てる活気が。それがあるからこそ、生き生きと輝き、他者より秀でることができるのだが。ひと角《かど》の人物になろうと決意したなら、強い意志と相応の苦労を積まないかぎり、けっして一人前にはなれない。

チェスターフィールド卿（一八世紀イギリスの政治家、文人）

情熱《パッション》――近頃はやたらと「情熱」がもてはやされる。情熱を注げるものを探せ、情熱的に生きろ、君の情熱で世界を動かせ。

人々は「バーニングマン」（訳注：アメリカ・ネバダ州の広大な砂漠で毎年開催されるイベント。一週間の会期中、参加者は共同生活を営みながら架空の町をつくり上げる）に出かけ、情熱を見つけ、情熱のまわりに集い、情熱を再び燃え立たせる。講演配信サイトのTEDや、今や巨大化したSXSW《サウス・バイ・サウスウエスト》（訳注：テキサス州で毎年行われる音楽祭・映画祭などを組み合わせた巨大イベント）をはじめ、自己啓発や黙想などの場は無数にあるが、そのいずれにも同じことがいえる。「人生で最も大事な力」と称するものに焚きつけられているのだ。だが実は、そこにエゴの罠がある…。

そうしたイベントの主催者が言っていないことが一つある。ほかならぬ君の情熱こそが、君を力《パワー》や影響力、成功から遠ざけている元凶かもしれないということだ。というのも私たちは情熱があっても失敗することが多いからだ。いやむしろ、情熱のせいで失敗すると言ったほうがいいだろう。

のちに合衆国大統領夫人《ファーストレディ》となるエレノア・ルーズベルトが政治活動を始めたばかりのころ、こんな逸話が残っている。一人の訪問者が、社会事業法案に対するエレノアの「情熱的な関心」を褒めたたえた。もちろん賛辞のつもりで言ったのだが、それに対するエレノアの返答は象徴的だ。

「ええ、法案の趣旨を支持しています。ただ『情熱的』という言葉は、自分には当てはまらないような気がします」

ヴィクトリア朝風の典雅を美徳とする気質が残る家庭に生まれ育ったエレノアは、上品で洗練され忍耐強い女性だった。情熱という言葉はエレノアにはそぐわない。エレノアには確固たる目的があり、指針があった。エレノアを突き動かしていたものは情熱ではなく、理性だった。

反対に、ジョージ・W・ブッシュ、ディック・チェイニー、ドナルド・ラムズフェルドはイラクへの情熱にとりつかれ、失敗した。クリストファー・マッカンドレスは情熱に身を任せて『荒野へ』突き進んでしまった（訳注：クリスは大学卒業後、物質世界を離れてアラスカを一人旅するが、最後は遺体となって発見された。その生涯は映画化されている）。ロバート・ファルコン・スコットが南極点到達をめざしたときも、やはり「極地熱」にとりつかれて命を落とした（一九九六年にエベレスト山で起きた大量遭難と同じ。登頂者は皆、心理学でいう目標執着症《goalodicy》に絶えずとりつかれていた）。さらに、セグウェイ（電動立ち乗り二輪車）の発明者と投資家たちは世界を変える革新的製品を手にしていると信じ込み、それを世界中に広めるべく全力を投じた。

ここで挙げた才能あふれる聡明な人たちが、熱い思いで理想を追いかけたことは疑う余地がない。一方、準備が不足し、周囲からの反対意見や本音に耳を傾けることができなかったことも明らかだ。同じことが無数の起業家や作家、シェフ、ビジネスオーナー、政治家、デザイナーにも当てはまる。彼らの名前を聞いたことはないだろうし、これから先もないだろう。なにしろ、港を出発しもしないうちから自ら船を沈めてしまうのだから。彼らはいわば、素人愛好家《ディレッタント》であり、情熱はもっていた。しかし大事な何かが欠けていた。

誤解のないように言っておくが、ここで言う情熱とは、他者への思いやりや愛情のことではない。もっと違う種類の、いわば野放図な熱狂のことである。目の前のものにむやみに飛びついて心血を注ごうとする態度。私たちが教師やグルから何より重要な財産だと教わった「エネルギーの塊」。はるか先にぼんやりと見える野心的な目標をめざし、達成しようという激しい炎のような欲望。一見、害のない動機のように思えるが、正しい道からは程遠く、痛い目に遭う。

覚えておこう。何かに熱狂している人というのは、「常軌を逸した人々」のオブラートに包んだ言い方にすぎないのだと。

その昔、ルイス・アルシンダー・Jrという名の若きバスケット選手がいて、UCLA（カリフォルニア大学ロサンゼルス校）で名将ジョン・ウッデン監督とともに全米選手権を三度制した。若者はウッデン監督のスタイルを言い表すのに、「感情に流されない」という言葉を使った。情熱的になるのではないのだ。ウッデンは愛校心をむき出しにして選手を鼓舞するようなタイプではなかった。そうした感情はかえって重荷になると考えていたからだ。むしろ、常に自制を働かせて己の仕事をこなし、「情熱の奴隷」にならないというのがウッデンの哲学だった。この教訓をウッデンから学んだ若者はのちに改名し、カリーム・アブドゥル＝ジャバーと名乗った。そう、ＮＢＡの伝説の名選手とうたわれるあのアブドゥル＝ジャバーである。

エレノア・ルーズベルトやジョン・ウッデン、そしてふてぶてしいほど落ち着いた選手だったアブドゥル＝ジャバーを、感情がないとか無関心だとか言う人はいないだろう。逆に、がむしゃらだとか熱狂的だとか言う人もいないだろう。エレノアは、歴史上最も強力で影響力のある女性活動家であり、また間違いなくアメリカで最も偉大な大統領夫人《ファーストレディ》であるが、もっぱらその優雅さと落ち着き、目的意識で知られていた。ウッデンは一二年間に一〇度（七回連続を含む）の全米優勝を飾ったが、それは勝つ仕組みをつくり上げ選手たちに浸透させたからだった。三人とも激しい感情に駆られたわけではないし、いつも激しく動き回っていたわけでもない。長い時間をかけて少しずつ名声を築いていったのだ。まさに蓄積のプロセスだった。

私たちが何かを成し遂げようとすると、決まって厄介な問題に直面する。たいてい、一度も出遭ったことのないような状況に追い込まれる。チャンスというものは、森の中に深く清らかな泉があって、そこに意気揚々と飛び込んでいくような分かりやすいものではない。もっとぼんやりとして、埃まみれで、さまざまな抵抗に遭い邪魔をされている、そんなイメージである。そんな状況で本当に必要なのはクリアな思考と計画性、確固たる方法・原則に基づく決意である。

それなのに私たちは得てしてこんなふうに事を進めてしまう。

- パッと思い立つ
  - ↓ 今までで最良、最大の～をしよう。最年少の～になろう。～の第一人者になろう。とにかく「最高、一番」になる。
- そんな自分へのアドバイス
  - ↓ 大丈夫、まあ、やるべきことを一つずつやっていけば、実現できるよ。

●現実は

↓私たちは、自分が聞きたいことしか聞かない。やりたいようにやって、死ぬほど忙しく、がむしゃらに頑張るのに、成果はほとんど上がらない。ひどければ、予想もしていなかった苦境に陥ることもある。

私たちはふだん、成功者の情熱のすさまじさばかりを耳にするので、情熱というものが実は失敗の特徴でもあることを忘れている。情熱に駆られた人間がたどる軌跡を目にするまでは、まさかそんな結末を迎えるとは思いもよらない。セグウェイの場合、発明者と投資家たちは現実離れした過大な需要を当て込んで大失敗した。イラク戦争の直前、戦争推進派は反対意見や否定的な材料を無視し続けた。それを認めてしまえば、開戦の根拠としていたものが崩れ落ちてしまうからだ。『荒野へ《イントゥ・ザ・ワイルド》』の物語が悲劇的な結末に終わったのは、若さゆえのナイーブさと準備不足のせいだ。ロバート・ファルコン・スコットの場合は、自信過剰と情熱のあまり真の危険が見えなくなっていた。想像するに、ナポレオンはロシア侵攻を企てたとき、熱に浮かされていたのではないか。自信満々で引き連れていった兵士のほとんどを失い、命からがら帰国したときにようやくその熱が冷めたのだ。似たような失敗例はほかにいくらでもある。やみくもに努力する、そのくせすべき努力は怠る、準備が整う前に行動に移る、慎重さを要する事柄を台無しにする……。情熱に酔うことほど有害なものはないのだ。

情熱とは、弱さの隠れみのだ。情熱の特徴を挙げてみよう。息もつけない張りつめた興奮、性急で向こう見ずな態度、大慌てのパニック状態。これではとても自己規律や熟達、強さ、目的意識、忍耐には及ばない。こうした情熱の兆候が、ほかの人々の中に、また自分自身の中にも出ていないか注意する必要がある。情熱とはまじめでひたむきな思いから出てくるものかもしれないが、それがもたらす影響はこっけいで、おぞましいとさえいえるからだ。

情熱を前面に出してくる人は、どんな人間になってどんな成功を収めたいのかを実に詳しく話してくれる。もしかしたら、いつごろまでに達成するつもりなのかも語ってくれるだろうし、そうした成功に伴う重圧や不安についても真剣に説明してくれるかもしれない。これからしようとしていること、あるいは、すでに始めていることについて、いくらでも話してくれるだろうが、実際にどんな成果が上がっているのかと聞かれると、何も答えられない。それはそうだろう。上がっている成果なんて何もないのに、答えられるわけがない。

忙しく動き回って何の成果も上がらないなんてことが、そもそもあるだろうか？　そう、それこそが「情熱パラドックス《オ》」なのだ。

同じやり方を繰り返しながら、違う結果を期待することを「愚行」と定義するならば、その情熱にこそ問題があるということだろう。というのも、人間にとって最も重要な精神的な認知機能をわざと鈍くしているのだから。それがどれだけ無駄なことかは過去を振り返れば歴然としている。人生の最

良の年月が、アスファルトに空回りするタイヤのように燃え尽きてしまったのだ

犬というのは（この愛すべき生き物！）、実に情熱的だ。リスや鳥、箱、毛布、おもちゃなど、いろんなものに引きつけられ、追いかけたり戯れたりするのだが、結局したかったことはほとんどかなえられない。ただし犬には非常に有利な点がある。うらやましいほど短い記憶のおかげで、忍び寄る徒労感や無力感から無縁でいられるのだ。一方、人間の場合、どんなに楽しい幻想にも現実の影が忍び寄る。やがて現実に目を向けざるを得なくなり、幻想は崩れ去る。

人間が成功の階段を上っていくのに必要なものは、目的意識と現実感覚である。目的とは、いわばコントロールされた情熱のことだ。現実感覚とは、己を離れ、客観的に物事を見ることである。

若いころ、あるいは若い理想に燃えているころは、強い感情に突き動かされる（ホルモンのように激しい情熱が若者の体内を駆け巡る）。そのため、その速度をゆるめてはいけないように感じる。でも本当は忍耐が足りないだけだ。情熱に身を燃やし、あるいは我を忘れて突き進んだところで、旅が速く進むわけではないと、分からないのだ。

情熱（あるいはそれに類する言葉）は、漠然とした対象と一緒に使われることが多い（例：私は〜に熱中している）。一方、目的のほうは、具体的な目標とセットにされる（例：私は〜をしなくてはいけない。私は〜をするためにここにいる。このためなら〜を耐える覚悟だ）。目的を決めると、「自分」というものが薄まる。目的とは、自分を満足させるものではなく、自分の外側にある何かを追い

かけることなのだ。

目的にも増して、現実感覚も必要だ。いったいどこから始めればいいのだろう？　まず何をすべき？　今すぐやるべきことは？　自分が正しいことをして前に進んでいるということが、どうしたら分かるのか？　何を、誰を基準にすればいいのだろうか？

「大きな情熱とは望みのない病気のようなものだ」と、ゲーテは言った。目的意識をもった思慮深い人は、情熱に浮かされた人とは振る舞い方が違う。ちょっとやそっとのことではぐらつかないし病気にもならない。たとえば、プロを雇い、代わりにやってもらう。分からないことがあれば人に聞き、どんな失敗が予想されるかを尋ね、手本を求める。不測の事態に備えておく。それからようやくレースに出発するのだ。最初の一歩は小さく、それが済んだらフィードバックを求め、次回はもっとうまくできるようにする。学んだことをしっかり身につけ、先に進むにつれてどんどんよくなる。学んだことを糧にして、ねずみ算式に成長していくことが多い。

ソフトウェア開発の反復《イテレーション》のように進めていくやり方は、派手なマニフェスト《宣言》や神がかったインスピレーション、飛行機で突然会いに行って驚かせること、真夜中に長ったらしい内的独白のEメールを送りつけることに比べれば、刺激的ではない。それは確かだ。自分を信じて勝負に打って出て、クレジットカードを限度額まで使うのに比べれば、地味だし大胆でもない。まったくそのとおりだ。スプレッドシート（表計算ソフト）や会議、出張、電話、ソフトウェア、ツール、社内システム、そのノウハウを書いた記事、そして著名人のルーティンワークについても同じこと。情熱に身を任せるとき、人は機能《ファンクション》より形式《フォーム》を優先しがちだ。目的を果たそうとする人は、ひたすら機能に、機能だけに注目する。

大きな仕事を成し遂げたければ、熟慮を重ね、計画を練る必要がある。情熱は不要だ。ナイーブさも不要。

それならいっそ、目の前に立ちはだかる高い壁に怖じ気づくくらいのほうがずっといい。その巨大さを前に己の小ささを知り、それでも目をそらさず、最後までやり抜く決意を固めるのだ。情熱の赴くままに突き進むのはアマチュアだ。何となく気になることや「やれたらいい」と思うことではなく、「やらなければいけない」と感じることに全力を注ごう。フランスの名外交官タレーランは外交官の心得としてこんな言葉を残している。

「Surtout, pas trop de zèle（何よりも、過度な情熱を抱かぬこと）」

そうすれば君も、大きなことを成し遂げられる。昔なじみの、悪気はないのだがおせっかいで役に立たない自我とは、おさらばするのだ。

カンバス戦略をとる

偉大な人物というのは、ほとんど決まって恭順の姿勢を示してきた。あとになって、人の上に立つ器であることを証明するのである。

マーン卿（イギリスの政治家・歴史家）

古代ローマで芸術や科学が社会制度としてどうなっていたかといえば、こんにちでは類するものがほとんど残っていない、ある独特の概念があった。成功した商人や政治家、裕福な趣味人などが、作家や思想家、芸術家、役者などを経済的に援助していたのだ。彼らは芸術作品を作るだけでなく、庇護や食事、贈り物などと引き換えにいろいろな仕事をこなした。その一つが『Anteambulo』（直訳すれば「道を開くもの」あるいは「導き手」）の役割だった。パトロンがローマ帝国内を旅するときは、どこへ行ってもまずAnteambuloが先触れとして道を開き、伝令役を果たし、何事につけパトロンが暮らしやすいように取りはからった。

エピグラム詩人として名高いマルティアリスは長年にわたりこの役割を務めた。マルティアリスは裕福な家の生まれでなく、さまざまなパトロンに仕えた。あるときは、ストア派哲学者にして皇帝顧問も務めたセネカの兄弟である富裕な商人メラに仕えた。ペティリウスという名の商人に仕えたこともある。マルティアリスは若き作家としてパトロンについて土地から土地を巡り歩き、主人を敬って奉仕し、その見返りにささやかな報酬と厚遇を受け取った。

マルティアリスには一つ不満があった。現代においてインターンや見習いの人が自分のポジションに（そしてのちには出版社や上司、顧客との関係に）不満を感じるように、マルティアリスも自分の境遇が嫌で仕方なかったのだ。マルティアリスはこのシステムの下で奴隷になったような気がしていたようだ。どこかの大地主のように、自分が仕えるパトロンのように生きたいと強く願い、何不自由なく暮らせるだけのお金と地所を望んだ。そのときようやく心の自由を得て、何物にも束縛されずに作品を制作できると夢想した。だからマルティアリスの書いたものを読むと、ローマ上流階級への憎しみと恨みつらみがひしひしと伝わってくる。自分はそこから残酷にも閉め出されたと感じていたのだ。

マルティアリスの感じた無力感と憤りには同情するが、マルティアリスには一つ大事なものが見えていなかった。それは、自分が社会のよそ者《アウトサイダー》として得がたい地位にあったことだ。だからこそ、ローマ文化をあれほど魅力的に、深く洞察することができ、現代までその名を残すことになったのだ。もしもマルティアリスがそのシステムを苦痛に感じず、なんとか折り合いをつけられたとしたら？　もしもチャンスを与えてくれたことに感謝（！）できたとしたら？

だが、そうはならなかった。マルティアリスは生涯、この苦悩に苛まれていたようである。

こうした態度は、世代や社会の違いを越えて共通のようだ。怒れる不遇の天才が、やりたくないことを、尊敬できない人々のためにやって、道を切り開いていかなくてはいけない。

「どうして私がこんな卑しい仕事を！　こんなの不公平だ！　才能の無駄遣いだ！」

最近、インターンが給与支払いを求めて雇い主を訴えたが、これもその例だろう。若者は「自分に見合わない」仕事に甘んじるよりは、親元に帰ることを選ぶ。相手の条件に合わせて働くことができなかったり、将来の前進のためにしばし後退するということができないのも同じ。こんな声が聞こえる。

「他人にいいように使われるのはごめんだ。それなら何もしないほうがまし」

他人への「奉仕」は屈辱だとされているが、本当にそうだろうか。というのも世界史を振り返ると、徒弟制度のおかげで偉大な芸術家が生まれたという面があるからだ。ミケランジェロもレオナルド・ダ・ビンチもベンジャミン・フランクリンも皆、そうしたシステムを渡っていかなくてはならなかった。しかし、君がその大きな夢をいつか本気でかなえる気なら、一時我慢を強いられるくらい何だというのか。

初めて仕事に就くときや新しい職場に移るとき、こんなアドバイスを受けることが多い。周りの人たちを引き立たせるよう頑張りなさい。頭を低くして上司や先輩に仕えなさい。むろん大勢の中からそのポジションに選ばれた若者が、そんな言葉を聞きたいわけがない。ハーバード大学の卒業生ならなおさらだ。そもそも、そうした屈辱を避けたい一心で難しい学位をとったのだ。

そこで見方を変えてみよう。すると思ったほど屈辱的ではないことが分かる。何もこびへつらうわけではないし、誰かの引き立て役になるわけでもない。そうではなく、ほかの人が力を発揮できるよう、縁の下の力持ちになると思えばいいのだ。先ほどの助言はこんなふうに言い換えればいい。

「ほかの人が絵を描けるようにカンバスを探せ。Anteambulo（導き手）になれ」

目上の人のために道を切り開けば、やがて君自身の道も開けてくる。

いざ仕事を始めると、いくつかの事実を痛感させられる。

❶　自分は思っているほど実力がなく、重要でもない。

❷　自分の態度をあらためる必要がある。

❸　自分が知っていると思っていることや、学校や本で学んだ知識はたいてい時代遅れか、間違っている。

そうした課題を克服するとっておきの方法がある。すでに成功を収めている人や組織を敬慕し、自己のアイデンティティを相手に同化させ、双方の目標を同時に追いかけるのだ。自分だけの栄光を追い求めるほうが格好はいいが、まずうまくいかない。恭順こそが前に進む鍵だ。

こうした態度にはもう一つ利点がある。それは、キャリアの重要な時期にエゴを抑えられることだ。そうなれば、必要な知識や技術を片っ端から吸収することができる。しかも他者のビジョンや進展を邪魔することがない。

ご機嫌取りをしろと言っているわけではない。物事の成り行きを内部から観察して、自分ではなくほかの誰かのためにチャンスを探そうと言っているのだ。『Anteambulo』とは道を開くという意味だった。つまり、ほかの誰かがどんな道を歩もうとしているのかを見抜き、その旅の準備を手伝い、思う存分力を発揮できるようにお膳立てをするのである。肝心なのは、いいところを見せようなどと思わず、物事がうまく運ぶように心を尽くすことだ。

ベンジャミン・フランクリンが少年時代、兄の発行する新聞に匿名で寄稿していたのは有名な話だ。「通りすがりのお節介焼き」のペンネームで書かれた手紙は評判を呼び、どこの天才が書いたのかと噂されたが、事の真相は分からずじまいだった。本当は、手紙はフランクリンが書いて、人知れず印刷所の戸口に差し込んでいたのだ。それが世間に知られたのはずっと先のことで、フランクリンには何の手柄もなかった。実際得をしていたのは兄のほうで、手紙は毎回新聞の一面を飾り、絶大な人気を博していた。けれどもフランクリンはもっと息の長い闘いをしていたのだ。世論の動き方を学び、自分の信条を自覚し、独自の文体をつくり上げ、機知やユーモアを磨いた。まさにこれこそが、フランクリンが繰り返し用いた世渡りの戦略だった。ときには、ある競争相手を負かすために別の競争相手の新聞に文章を書いたこともある。他者を引き立たせ、花をもたせてやれば、必ず恩恵が返ってくる――フランクリンはそう考えていた。

ビル・ベリチックといえば、NFLのスーパーボウル（全米王座決定戦）を四度制したニューイングランド・ペイトリオッツのヘッドコーチだ。ベリチックがNFLの世界でのし上がることができたのは、当時、どのコーチも嫌がっていたある作業を愛し、極めたからだ。それは映像の分析である。ベリチックは最初、ボルチモア・コルツでプロコーチとしてのキャリアを始めたが、それは無給の仕事で、コルツはそれを承知で引き受けたのだ。つまりゲームに勝つための「弾薬」や戦略を編みだす、ベリチック一流の眼力はもっぱら、下積み時代に先輩コーチから教わったものだったのだ。ベリチックは下っ端仕事と見なされていたものを貪欲にこなし、むしろ進んで求め、出来すぎだと思われるほど完璧に仕上げようとした。「あいつはスポンジみたいに何でも吸収して、人の話も一言も漏らさず聞いていた」と、あるコーチは述懐する。「何か課題を与えると部屋に閉じこもって、次に見かけたときには全部出来上がってる。そして次の課題をくれって言うんだ」とは別のコーチの言葉。もちろんベリチックは、すぐに報酬をもらえるようになった。

まだ高校生のころ、ベリチックはあまりにゲームを熟知しているので、選手としてプレーしながらアシスタントコーチのような役割も果たしていた。ベリチックの父親も海軍のアメフトチームのアシスタントコーチをしていたが、ベリチックはこの父親からアメフトの世界を渡っていく秘訣を教わった。目上のコーチに意見を言ったり反論したりしたいときは、機嫌を損ねないようあくまで控えめに、ほかに人がいない場でやること。ベリチックは相手に警戒感を抱かせたり嫌われたりすることなく、キャリアを積んでいくすべを学んだのだ。いうなれば、カンバス戦略に習熟していたのである。

もしも二人が特権意識や優越感に浸っていたら（エゴの罠）、どちらの偉業もあっさり不可能になっていただろう。もしもフランクリンが、独創的な文章表現を磨くことよりも、名誉や評判を追い求めていたら、永遠に自分の名で文章を発表することはかなわなかっただろう。実際、事の次第が発覚したとき、嫉妬と怒りに駆られた兄から文字どおりぶちのめされたのだ。もしもベリチックが人前で先輩コーチをやり込めていたら、コーチの怒りを買ってチームから外されていただろう。そもそも、最初の仕事を無報酬で引き受けることもなかっただろうし、地位やプライドを気にしていたら、何千時間も画面の前で映像を分析することもなかっただろう。偉大な成功への道のりも、みじめな下っ端仕事から始まる。つまり、自分がそこで一番取るに足らない者になるということだ。状況を変えたければ結果を出すしかない。

「口を閉じて、動け」という古いことわざがある。私たちが本当にすべきなのは、これを今風にアレンジして、キャリアの初期に実践することだ。

「自分のことを考えず、他人に尽くせ」

想像してみよう。もし君が誰かに会うたびに、何かしてあげられることはないかと考え、力を貸してあげたらどうなるだろう。しかも自分の損得ではなく、完全に相手のために行動したとしたら？

それをずっと続けていると、さまざまな恩恵が得られる。多様な問題を解決することで経験を積める。頼りになる人物という評判が高まる。人間関係がそれこそ無限に広がっていく。人生を渡っていくうえで頼れる味方がわんさとできるのだ。

これこそがカンバス戦略の要諦だ――他者を助けることで自らを助けること。ほんの一時の満足を得るよりも、長い目で見て成功するように頑張り続けよう。大半の人は名声や「敬意」を求めるけれども、君は名声など忘れよう。その気になれば忘れられるし、そうすればほかの者に手柄を取られても喜ぶことができる。だって、それこそ君のめざしたものだったのだから。ほかの者には一時名声を貸してあげよう。あとで元本から利子を得て取り戻せばいいのだ。

カンバス戦略で一番難しいのは「戦略」の部分だ。気をつけないとマルティアリスのように恨みっぽくなり、他人に仕えるという発想自体を憎むようになる。資力や経験、地位に優る人を嫌悪するようになる。自分の仕事、自分のやりたいことをしていない時間が一秒一秒、才能の無駄遣いに思えてくる。「こんなけちな仕事、やってられるか」と、やけっぱちになる。

感情に流された、この身勝手な衝動に打ち勝てば、カンバス戦略は楽に進む。次のようなサイクルをぐるぐると回していけばいい。

- 何かよいアイデアを思いついたらボスに提供する
- いろいろな人々、たとえば面白いアイデアをもった人物、新進気鋭の人物などを見つけて引き合わせる。異なる才能の出合いから新たなひらめきが生まれる
- 誰もやりたがらないことを見つけて取り組む
- 非効率、無駄、過剰な部分を見つける。ＰＣでいえば、容量を食っている箇所を特定し、修正を施して、新たな領域のためのリソースを解放する
- 誰よりも多くアイデアを出し、惜しみなく与える

言い換えれば、自分が仕える人がクリエイティビティを発揮できるよう手伝い、そのための舞台や仲間などを見つけ、その進展や集中を妨げる要素を取り除いてあげるのだ。これは見返りの大きい、計り知れないほど有効な戦略である。個々の行為を人脈づくりや自身の成長への投資だととらえよう。

カンバス戦略はいつでも利用できる。期限も存在しない。いくつになっても、若くても年齢が高くても使える戦略はなかなかない。おまけにいつでも始められる。仕事に就く前でも、採用される前で

も、何かほかのことをしている最中でも、何か新しいことを始めるときでも、あるいは、気づいたら組織の中で孤立無援になっていたときでも。いつか君が導き役を卒業して、主人として自分の仕事に取り組むようになっても、この戦略をやめる理由は見当たらないと思う。いっそ生涯の習慣にしてしまおう。君が忙しくてこの戦略を実行できないときは、ほかの人に君のために働いてもらえばいい。

この戦略の素晴らしさに気づけば、ほとんどの人はエゴのせいで大事なことを見落としているのが分かる。他人のために道を切り開く者が、最後にその進路を決定するのだ。カンバスによって描かれる絵が決まるように。

自分を抑える

偉業を成し遂げる人というのは、皆、おしなべて感情を表に出さない。つまり何があっても興奮したり、取り乱したりせず、冷静で、忍耐強く、礼儀正しいのだ。

ブッカー・T・ワシントン（アメリカの黒人指導者）

若いころのジャッキー・ロビンソンを知るものは誰も、まさかこの男が将来、アメリカ大リーグ初の黒人プレーヤーになるとは思わなかっただろう。ロビンソンに才能がなかったわけではないし、大リーグの人種差別撤廃が夢物語だったわけでもない。ただ、この男には自制心や落ち着きというものが見受けられなかった。

一〇代のころ、ロビンソンは仲間数人と徒党を組み、しょっちゅう警察の世話になっていた。ジュニア・カレッジでのピクニックでは、人種差別的発言をしたほかの生徒に絡み、けんかをした。バスケットボールの試合では、こっそり卑劣なファールをする相手チームの白人選手に、思い切りボールを投げつけた。ロビンソンのいるところ流血騒ぎが絶えなかった。不当な扱いを受けていると感じて警察にかみつき、逮捕されたことも一度や二度ではない。

UCLA（カリフォルニア大学ロサンゼルス校）に入る前には、友人を侮辱した白人男性にけんかを売り、ひと晩留置場で過ごした（看守に銃口を突きつけられながら）。人種差別への抗議行動を扇動しているという噂もあったし、そんなこんなで結局、軍人としての道も閉ざされることになった。

一九四四年、テキサス州陸軍フッド基地に配属されていたロビンソンは、バス運転手とひと悶着を起こした。基地内のバスでは人種隔離を禁止していたにもかかわらず、運転手に後ろの座席へ移れと言われたのだ。ロビンソンは運転手にかみつき罵倒したうえ、さらに上官である指揮官にもじかに抗議したため、いろいろ騒動がもち上がり、結局軍法会議にかけられた。無罪となったものの、まもなく除隊させられた。

ロビンソンの振る舞いは理解できるし、人として正しい行動だとは思う。他人からそんな扱いをされて黙っていろというのか？　我慢する理由などないはずだ。

ただし、そうでない場合もある。本当に大切な目標ができれば、どんなことでも耐えられるのではないだろうか？

しばらくしてロビンソンは、ブルックリン・ドジャース（現ロサンゼルス・ドジャース）のマネージャー兼オーナーのブランチ・リッキーから、大リーグ初の黒人プレーヤーになる気はあるかと誘われた。そのとき、リッキーは一つ質問をした。君にはガッツがあるか、と。「私が求めているのは、やられてもやり返さないガッツをもった選手だ」。そしてロビンソンが申し出を受け入れた場合、どんな嫌な目に遭うかを並べ上げた。ホテルのフロントでは宿泊を拒否され、レストランではウエーターに無礼な扱いを受け、試合では対戦相手から罵詈雑言を浴びるだろう、と。それに対しロビンソンは、どんなことにも耐えてみせると約束した。

リッキーがこれぞと思う選手はほかにもたくさんいた。だがリッキーが必要としていたのは、己のエゴに邪魔されず、大きな展望を描ける選手だったのだ。

ロビンソンはファーム（二軍）からスタートし、やがて一軍へ上がったが、その間、球団や球場のスタッフ、ロビンソンを心よく思わない選手たちから、軽んじられる程度ではない仕打ちを受けた。激しい嫌がらせが組織的に行われたのだ。中傷され、やじられ、挑発され、締め出され、攻撃され、ケガを負わされ、殺されそうになったこともある。選手時代を通じて七二回もデッドボールを受けたし、ほかの選手にスパイクを向けられアキレス腱を断裂しかけたこともある。インチキな判定や、ロビンソンの調子を乱すためのゲーム中断もしょっちゅうだった。それでもロビンソンはリッキーとあの日交わした約束を守り、怒って当然の場面でも必死でこらえた。結局、プロとしてプレーした九年間、ほかの選手に拳を振るうことは一度もなかった。

現代の選手は甘やかされ、すぐカッとなるように思えるが、ロビンソンの時代の野球界はそれに輪をかけて壮絶だった。大リーグ史上最高の選手といわれるテッド・ウィリアムズは、現役時代の一九五六年、ファンにつばをはいて逮捕されたことがある。ウィリアムズは白人選手なので軽い処罰ですみ、あとで記者にこう言ってのけた。「ちっとも悪いなんて思ってない。おれは間違ってないし、今日みたいに野次を飛ばす奴らがいたら、またつばをはいてやる……おれの自由だろ」。黒人選手にとってはこんな振る舞いは言語道断、後先考えない愚行としか思われない。ロビンソンにそんな自由はなかった。そんなことをすれば、己の野球人生に終止符が打たれるだけでなく、黒人が大リーグでプレーするという壮大な実験までもが頓挫することになる。

ロビンソンが前に進むためには、己のエゴを脇に置き、またある意味では、人間としての公正さと正義の感覚をも一時忘れねばならなかった。大リーグに入って間もないころ、フィラデルフィア・フィリーズの監督ベン・チャップマンが試合中、ひときわ痛烈な罵声を浴びせてきた。「お前の居場所はジャングルだぜ、ブラックボーイ！」と、チャップマンは執拗にやじった。「出て行きやがれ、黒ん坊《ニガー》」。ロビンソンはもちろん反応しなかったが、のちにこう書いている。「あの白人どもをぶちのめして、歯をへし折ってやりたい。この黒い拳がそんなに弱いと思っているのか、見ていろ」と。だが、もちろんそんなことはしなかった。それどころか事件からひと月後、行きすぎたやじのために世間の批判を浴び、窮地に陥ったチャップマンを救うため、仲良くツーショット写真に収まることに同意したのだ。

そんなくそ野郎と手をつないでポーズをとるなんて、六〇年前の出来事とはいえ、考えただけでムカムカする。ロビンソン自身も後年、あれほどつらい出来事はなかったと振り返っているが、それでもなんとか受け入れた。それもこれも大きな目的があったからだ。自分を罠に陥れ、破滅させようとする連中がいることは分かっていた。自分が野球界で今挑戦していること、そしてこれからやるべきことを考えれば、何を耐えねばならないかは明白だった。ロビンソンには何の非もなく、耐える理由もなかったのだが、それでも耐え抜いた。

私たちがどんな夢を追いかけようとも、その旅の成否はある程度、ばかげた障害にどれだけ耐える準備ができているかにかかってくる。私たちが味わう屈辱はロビンソンとは比較にもならないが、つらいことに変わりはない。自制心を保つのも難しいだろう。

格闘家のバス・ルッテンは試合の前、両手に大文字のRを書くことがある。Rは「rustig」の頭文字で、オランダ語で「リラックス」の意味だ。リングの上で腹を立てたり感情的になったり度を失ったりすれば、自滅するようなものだ。作家のジョン・スタインベックはかつて編集者に宛てた手紙にこう書いた。

「短気を起こしても絶望から逃れる助けとはならない」

この点でエゴは何の助けにもならない。闘っている相手が出版社であれ、批評家であれ、敵であれ、気分屋の上司であれ、事情は同じ。相手が物事を分かっていないとか、自分のほうがよく知っているとかはどうでもいい。そんなふうに決めつけるのはまだ早い。早すぎる。

そうか、君は大学を出たのか。だからといって思いどおりにいくわけではない。アイビーリーグ（訳注：アメリカ北東部の名門八大学）の卒業だって？　いいかい、それでも君は世間でひどい扱いを受けるし、怒鳴られもするだろう。うなるほど金はあるし、壁一面の表彰状があるって？　そんなもの、君が挑戦しようとしている未知の分野では何の意味ももたない。

君にどれだけ才能があろうが、どれだけ強力な人脈があろうが、どれだけお金を持っていようが、関係ない。何かしたいことがあって、それが重要で重大で意義のあることならば、無関心からあからさまな妨害までいろんな目に遭うだろう。覚悟しておこう。

こういうシナリオで、エゴが必要な力を与えてくれるだろうか。むしろ正反対だ。一時の衝動に駆られて無駄に時間を過ごす余裕なんてどこにあるだろう？　あるいは、自分のことを人類のために神から遣わされた天才だと思い込んだり、自分は特別だから嫌なことは我慢しなくてよいと思い込んだりする余裕があるだろうか？

己のエゴを抑えられる人というのは、他人からひどい扱いを受けても別におとしめられたわけではないと知っている。本当は、そんな扱いをした本人が自らをおとしめているのだ。

君の行く手に待ち受けているもの――軽んじられる。追い払われる。口汚く罵られる。一方的な妥協を迫られる。怒鳴りつけられる。舞台裏で他人の不手際の尻ぬぐいに奔走する。どれもこれも腹の立つことばかりだ。やり返したくなる。こう言いたくなる。

「なぜ自分がこんな目に遭わなければならないのだ？　不公平だ！」

当然、この不満をほかの人にぶつけたくなる。ひどい場合は、仕返しをしたくなる。自分では何もしないのに、尊敬を受け、認められ、報酬を受け取っている人々に対して。そうした人々は君の手柄を自分のものにして傲慢になっているのだ。誰かに思いもよらず軽んじられると、相手を正したい衝動に駆られる（言いたいことはただ一つ、「私が誰だか分かっているのか！」）。相手にそれを思い知らせようとするのだ。そして、頭の中はその思いでいっぱいになる。

けれども、君は何もしてはいけない。受け入れる。ぎりぎりまで我慢する。耐える。黙って払いのけ、もっと頑張る。試合に集中する。雑音は無視する。何があっても気を散らさない。自制心を保つというのは難しいが、極めて重要なスキルだ。衝動に屈しそうになることもたびたびあるだろうが、それでもきっと打ち勝てる。誰も完璧にはなれない。でもあきらめてはいけない。有望な若手が先輩たちからの嫌がらせに耐えねばならないのは、いつの世も変わらない。ロビンソンがドジャースに入団したのは二八歳で、それまでの人生で黒人として、兵士として、苦労はたっぷりと積んでいた。それなのに、また一から苦労を味わわねばならない。残念なことに才能ある新人は決まって無視され、たとえ認められても正当には評価されない。理由はさまざまだが、それも旅の一部なのだ。

そして君が力をつけて成功するまで、そのシステムを変えることはできない。それまでの間、なんとか君の目的を満たすような策を見つけるのだ。たとえ余計な時間に思われようとも、その間にしかるべき鍛錬をし、ほかの人々から技を盗み、自分の土台を固め、その上にしっかりとした実力を築く。

ロビンソンは最初の年に新人王とMVPを獲得して実力を証明し、ドジャースでの地位を確固たるものにした。そして次第に一人の選手として、また人間として、我慢にも限界があり許せない一線があることをはっきり主張するようになった。自分の道を切り開いてきた自信と誇りから、ロビンソンは審判に抗議する胆力がつき、またほかの選手に嫌がらせをやめさせるために肩をすくめるなどのジェスチャーを示せるようになった。

だがロビンソンがどれほど自信をつけようと、また有名になろうと、ファンにつばを吐きかけることは絶対にしなかった。自分の積み上げた功績を汚すようなまねは絶対にしなかった。ロビンソンは初めてグラウンドに立った日から引退する日まで、一流のプレーを見せ続けた。そんなロビンソンに情熱がなかったわけがない。私たちと同じように腹の立つこともあれば不満もあった。だがロビンソンは若き日に学んでいた――自分は危険な綱渡りをしているのだ。エゴに流され、自制心を忘れたが最後、綱から落ちてしまうのだ、と。

そして実際、人生はそんな道ばかりなのだ。

自分の頭から抜け出す

ずっと考えごとをしている人は、「考えること」以外何も考えていない。だから現実との接点を失い、妄想の世界に住むようになる。

アラン・ワッツ（イギリスの哲学者）

J・D・サリンジャーの小説『ライ麦畑でつかまえて』のホールデン・コールフィールドは、自分の考えにとりつかれた少年で、マンハッタンを歩き回りながら現実と折り合いをつけようともがく。ジョン・ファンテの小説『塵に訊け！』のアルトゥーロ・バンディーニはロサンゼルスに住む若者で、作家として名を成そうともがきながら、誰とも心を通わせられない。ウォーカー・パーシーの小説『映画狂時代』のビンクス・ボーリンは一九五〇年代のニューオリンズ郊外で優雅な暮らしを送りながら、人生の「日常性」から逃れようとしている。

ここで挙げた架空の人物にはある共通点がある。三人とも自分の頭から出られないことだ。ホールデンは学校に長く居つかず、大人になることにおびえ、そうしたものすべてから必死で逃れようとする。『塵に訊け！』（バンディーニ四部作と呼ばれるシリーズの一部）はジョン・ファンテの半自伝的小説だが、この若き作家は現実を実際に体験してはおらず、もっぱら「タイプライターで打ち込んだ原稿越しに」世界を見ており、人生は一秒一秒が自分を主役にした詩、演劇、物語、新聞記事のようだと感じている。『映画狂時代』の主人公ビンクスは映画鑑賞に溺れ、倦怠に満ちた不愉快な実人生よりも、スクリーンに映る理想の生活にあこがれる。

書かれた作品をもとに作家の心理を分析するのは危険だが、この三つはどれも自伝的作品として知られている。三人の実生活に目を向けると、どれも事実であることがはっきりする。J・D・サリンジャーは実際、何らかの妄想にとりつかれ、成熟できなかった。そのため、世界の重さに耐えることができず、他者との接触を断って才能を鈍磨させてしまうことになった。ジョン・ファンテは巨大なエゴと不安を抱えながら、小説家として芽が出ない現実に苦しみ、とうとう投げ出してゴルフやハリウッドのバーに逃げ込んだ。晩年、糖尿病で目も見えなくなってからようやく目が覚め、再び執筆に取り組んだ。ウォーカー・パーシーの処女作『映画狂時代』は、一〇代後半から続いた無気力と存在の危機を克服してから、ようやく書かれたものだ。恐ろしいことにパーシーは四〇代に入っていた。

もし三人がもっと早くこうした問題を克服できていたら、どんなによかっただろう。どれほど生きることが楽になっていただろう。そしてこれは、その作品の反面教師的な登場人物をとおして読者に突きつけられ、今すぐ答えを迫られる問いなのである。

というのも、残念ながら自分の頭から抜け出せないという症状は、小説の世界にかぎらないからだ。二四〇〇年も昔にプラトンは、「自分の考えを何よりの肴とする」人種について語っている。当時にもこの手の人はよくいたらしい。

「自分の望みがどうやったら実現するかを考えもせず、（彼らは）面倒くさがって、現実的な手段を練る労を避ける。自分の望みは実現可能だと決め込み、勝手に話をつくり上げ、望みがかなったらできるはずのあれこれを夢想する。そうやって怠惰な精神が一層怠惰になる」

現実の人間が、目の前の現実ではなく、心地よい虚構の世界に生きたいと願うのだ。

南北戦争の将軍ジョージ・マクレランがまさにそうしたタイプの典型だった。マクレランが北軍の司令官に選ばれたのは、偉大な将軍の資質をすべて備えているように見えたからだ。陸軍士官学校《ウェストポイント》を卒業し、戦闘での功績があり、歴史に造詣が深く、押し出しがよく、仲間に愛されていた。

ではどうして、マクレランは北軍最悪の将軍と呼ばれるようになったのか。周りは無能で利己的な指導者ばかりだというのに。その理由は、マクレランが自分の考えにとらわれていたからだ。マクレランは、自分が雄壮な軍の将を務めるというイメージを愛していた。兵士たちに戦いの準備をさせることには長けていたが、実戦で指揮を執るとなると、イメージどおりには事が運ばない。

おかしなことにマクレランは、敵がどんどん強大になっていくと思い込んでいた（ただの妄想。一時は自分の軍勢のほうが三倍も上回っていた）。また、味方の政府の仲間から絶えず脅しをかけられ、陰謀を巡らされていると思い込んでいた（そんなものはなかった）。さらに、戦争に勝つには完璧なプランと、一発で決める軍事作戦が必要だと思い込んでいた（誤りだった）。こうした思い込みが強すぎたため、足が凍りついて立ちすくみ、ほとんど何もしなかった……ときには数カ月も。

マクレランはいつも自分のことしか考えず、己の素晴らしい働きに酔っていた。収めてもいない勝利を誇り、自分が戦わなかったおかげで惨めな敗北を避けることができたと考えていた。上官などから、この虫のいい空想をなじられると、むきになって反論した。その姿はまさに、妄想にとりつかれ、うぬぼれた、身勝手な駄々っ子だった。それだけでも耐えがたいが、問題はそれだけではすまない。その性格のせいで、何より重要な目的――戦闘の勝利が果たせなくなってしまったのだ。

南北戦争の激戦地アンティータム運河でマクレランの下で戦ったある歴史家は、のちにこう総括している。「マクレランは巨大なエゴの持ち主だ。その一言に尽きる」。エゴとはすなわち自信のことだと、私たちは考えがちだ。責任者に必要な資質であると。だが実際は、むしろ反対の作用をもたらしかねない。マクレランの場合はそのせいで指揮能力を失った。行動する必要があることさえ分からなくなってしまった。

マクレランが好機を逃し続けたのも笑い話ですめばよかったのだが、あいにく無数の人命が失われた。なお悪いことに、南軍の泰然とした二人の名将――ロバート・リーとストーンウォール・ジャクソン――には自分たちから攻めていく気概があり、質・量ともに劣る軍勢で見事にマクレランを苦しめた。リーダーが自分の考えにとらわれるとどうなるか、このことから分かるというものだ。私たちも他人事ではない。

小説家のアン・ラモットがこうしたエゴの罠をうまく表現している。「気をつけなければ」とラモットは若い作家たちに警告する。

「私たちの頭の中で、ラジオ局KFKD（K―Fucked）が二四時間ノンストップでステレオ放送をがなりたてる」

内なる耳の右側スピーカーからは、自分を誇張する声が延々と流れ、己の特別さを繰り返し語る。自分は率直で才能があり、輝かしく、物知りだが、世間では認められず、おまけに謙虚でもある、と。左のスピーカーからは、自己嫌悪のラップミュージック。苦手なことのリスト、今日一日どころか生涯にわたる失敗の数々や疑念、お前がやると何でもだめになってしまう、不器用な人間関係、お前はどこから見ても詐欺師だ、無心に他人を愛せない、お前には才能も見識もない等々。

誰もが（特に野心的な人は）良くも悪くも、ときにこのナレーションの虜《とりこ》になってしまう。野心に燃える若者（あるいは若い野心をもつ人）が血気にはやるあまり、自分の考えや感情に流されてしまうのはよくあることだ。「個人のブランド」を守り伸ばしていこうといわれる世の中では、無理もない。自分の仕事や才能を売り込むには物語を語らねばならず、それを続けていると虚構と現実を隔てる境界が分からなくなる。

するとやがて感覚が麻痺してしまう。あるいは壁が築かれ、自分の仕事に必要な情報が手に入らなくなる。だからこそマクレランはいつでも、部下から上がってくる間違った情報分析をうのみにし、判断を誤り続けた。マクレランがすべきことは比較的単純で、腰を上げればよいのだということは、よく考えれば誰にでも分かることだった。

私たちもマクレランと大して違わない。皆、不安や疑念、無力感、苦悩を抱え、ときには常軌を逸することさえある。この点でティーンエイジャーとよく似ている。

心理学者のデイヴィッド・エルカインドの有名な研究によれば、思春期の特徴として、「架空の聴衆」という現象がある。一三歳の少年というのは、ささいなことを気に病んで一週間学校を休むことがある。学校中が自分のことを噂していると思い込むのだが、実は気にしている人なんてほとんどいない。あるいは一〇代後半の女の子というのは、毎朝三時間も鏡の前で身支度をする。これから舞台に上がるかのように。ティーンエイジャーがこんなことをするのはひとえに、自分の一挙一動が皆に注目されていると思い込んでいるからだ。

大人でも、何気なく街中を歩いているときに、この妄想を起こしてしまう。ヘッドホンの電源を入れるといきなりサウンドトラックが流れだす。ジャケットの襟を立て、自分のクールな姿に一瞬酔う。そしてこれから向かうミーティングが成功する光景を、頭の中で何度も想像する。さっそうと歩いていくと、周りの人がさっとよけてくれる。気分はまるで、頂上へと向かう恐れを知らぬ戦士だ。

映画冒頭のクレジットが流れる場面のように。小説のワンシーンのように。もちろん気分は最高だ。疑念や不安といった感情、そして日常と向き合うよりもずっといい。だから自分の妄想の中に閉じこもり、周りの世界と関わろうとしない。

でも、それはエゴなのだ。

成功者というのは、そうした空想の飛躍に歯止めをかけるものだ。そんな誘惑に屈すれば、自分が偉いと思い込み、ものの見方が歪んでしまうから、うまくやり過ごすのである。ジョージ・C・マーシャル将軍はいわばマクレランと対照的な人物だった（ただし数世代離れながらも、一時同じ地位に就いていた）。マーシャルは第二次大戦中、歴史家や友人から何度頼まれても日誌をつけることを拒んだ。己の静かな内省の時間が、ある種のパフォーマンス、自己欺瞞に変わってしまうのを恐れたのだ。難しい決断を下すとき、自分の評判や将来の読者を意識してはいけない。周りの目を気にしだしたら判断が歪んでしまう。

私たちは誰しも、こうした心の偏見にとらわれやすい。テクノロジー企業《スタートアップ》を経営しているときでも、社内ヒエラルキーの中で出世をめざしているときでも、恋愛に夢中になっているときでも同じことだ。クリエイティブになればなるほど、自分を縛る糸をほどきやすくなる。

想像力というのは、いろんな意味で財産であるが、暴走すると危険なものになる。だからバランスのとれた見方を保つ必要がある。興奮に我を忘れたら、正しく先を予想したり出来事を解釈したりできるだろうか？　モチベーションと集中力を保てるだろうか？　今この瞬間を楽しめるだろうか？　現実の世界で創造力《クリエイティビティ》を発揮できるだろうか？　しっかり目を見開いて、クリアな頭で生き、「現在」という場で勇気をふるう。抽象的なモヤのかかった世界に生きるのではなく、具体的な形のある世界に生きよう。それがたとえ不愉快で目を背けたくなる世界でも。いやむしろ、だからこそそうすべきなのだ。自分の周りで起きていることに加わろう。その喜びを味わい、楽しみ、溶け込もう。

他人の目を気にする必要はない。ただ、なされるべき仕事があり、学ぶべき教訓があるだけだ。そしてそれはすべて、私たちの周りに存在するのである。

若者のうぬぼれは危険

うぬぼれた人はいつも物事や人々を見下している。もちろん、そうやって見下しているかぎり、自分の上にあるものは見えないのだ。

C・S・ルイス（イギリスの作家）

一八歳のとき、いくらか成功を手にしたベンジャミン・フランクリンは意気揚々と故郷ボストンに帰ってきた。七カ月前に逃げるように飛びだした故郷に。フランクリンはうぬぼれと自己満足の塊で、スーツを新調し、腕時計をつけ、誰かに会うたびにポケット一杯のコインを広げて見せびらかした。もちろん実の兄にも。兄には特に羨ましがらせたかった。といっても、しょせんはすべて、フィラデルフィアの印刷屋店員にすぎない小僧のいきがったポーズでしかないのだが。

ボストンの名士の一人で、以前は反目していたコットン・マザーに会ったときも、フランクリンはすぐさま自慢話を始め、己の若いエゴがいかに馬鹿げて膨れ上がっているかをさらけだした。マザーと話しながら廊下を歩いていると、突然マザーが声を上げた。「前を見ろ！　かがめ！」。自慢話に夢中になるあまり、フランクリンは天井の低い梁に頭をぶつけてしまった。マザーの反応は完璧だった。「いつも頭を高く上げていてはいけないということだ」と、おかしそうに諭した。

「身をかがめるのだ、若者よ。そうやって世の中を渡っていけば、いろいろ痛い目に遭わずにすむ」

キリスト教徒は、プライドは罪だと考える。欺瞞にほかならないからだ。自分が実際よりも優れていると、神がお決めになったよりも優れていると、他人に思い込ませるからだ。プライドが高じれば尊大になり、謙虚さがなくなり、周りの人とうまくつきあえなくなる。

別にキリスト教徒でなくとも、この知恵を理解することはできる。君は自分の道を念頭に置いて、こう覚えておけばいい。プライドとは、たとえ本物の成功に裏づけられるものだとしても、道を踏み外し、人を迷わせるものなのだ。

「神々が最初に滅ぼそうと思う人々は、将来を期待された者たちだった」とは、イギリスの批評家・作家シリル・コノリーの名言だ。それより二五〇〇年前、古代ギリシャのエレゲイア詩人テオグニスは友人キュルノスに宛てた詩にこう書いた。

「神々が滅ぼさんとする人々にまず与えるものは、プライドだ」

それなのに私たちはわざわざこの罪を背負ってしまう。

プライドは、学習や状況適応力、柔軟性、人間関係の構築力などを鈍くしてしまう。成功をめざすなら、プライドをうまく制御できなければならない。何より困るのは、これが人生のはじめのころでも、まさに道を歩んでいる最中でも起こり得ることだ。そんなとき私たちは初心者のうぬぼれに顔を赤らめる。そしてあとになってようやく気づく。あのとき頭をガツンとやられて本当によかった、と。

プライドを抱くと、ささいな成果でも重要な成果のように感じる。そして自分の才知を思ってほくそ笑む。まるで自分がそれまで見せた働きが、これから来たるべきものの片鱗にすぎないとでも言うかのように。プライドを抱き始めると、その持ち主と現実との間にくさびが打ち込まれ、何が事実で、何が事実でないかという認識が微妙に、ときにはっきりと歪みだす。事実や成果にきちんと裏付けられない思い上がった態度では、妄想の道をひた走ることになる。あるいは、もっと悪いことにもなりかねない。

プライドとエゴにとらわれると、こんなふうに思い込む。

- 自分は独り立ちしたのだから、いっぱしの起業家だ
- 現在リードしているのだから、私が勝つだろう
- 本を出したのだから、作家を名乗っていい
- 結構な金を稼いだのだから、私は金持ちだ

- 選んでもらえたのだから、私は特別だ
- 私は重要な存在だ。そうでなければおかしい

折にふれ、私たちはこんなふうに得意がっては悦に入る。しかし、どんな文化にもそれを戒める言葉があるようだ――捕らぬ狸の皮算用。魚を釣る前にソースを作るな。ウサギの料理法を覚えるのは捕まえてからでいい。いくら口で「屠《ほふ》った」と言っても、空想の獣の皮をはぐことはできない。自分より重い相手を殴れば、ケガをするのは当たり前。高ぶりは滅びに先立つ――等々。

こうした態度を一言で言うなら「欺瞞」だ。なすべき仕事に時間を投じているなら、ごまかしたり、強がりを言う必要もない。

プライドは巧みに忍び寄ってくる。ジョン・D・ロックフェラーは若いころ、毎晩、自分自身との対話を日課としていた。声に出すこともあれば日記に書くこともあった。

「スタートを切ったからには、いっぱしの商人を気取るようになる。用心しないと自分を見失う。節度を保て」

ロックフェラーは若かったが、すでにいくらか成功を手にしていた。よい仕事に就き、金を貯め、いくつか投資を行っていた。父親が飲んだくれの詐欺師だったことを思えば、快挙と言ってよかった。ロックフェラーは順風満帆だった。無理からぬことだが、自分が収めた成果、自分が歩んでいる道の

りに一種の自己満足を覚え、浸り始めていた。あるとき銀行の窓口で融資を断られると、怒りのあまり窓口の職員に啖呵を切った。

「俺はいつか世界一の金持ちになるんだぞ！」

世界一の金持ちになると言って、本当になってしまったのは世界広しといえどもロックフェラーただ一人だろう。ロックフェラーとまったく同じことを口にし、本気でそれを信じながら、結局どこへも行き着かなかった妄想野郎はたくさんいる。プライドの高さが邪魔をして、周りの反感を買ってしまうからだ。

だからこそロックフェラーは自己を律する必要を感じ、人知れずエゴを抑えることにした。毎晩、こう自問した。「お前はまぬけになりたいのか？　こんな金で得意になるつもりなのか？（額は関係ない）」。そして、こう言い聞かせた。

「目を見開いておけ。バランスを見失ってはならない」

ロックフェラーはのちにこうも述懐している。

「傲慢になるのを恐れていた。人がちっぽけなかりそめの成功に天狗になり、見方が歪み、自分を見失うのはなんとみじめなことだろう！」

そうなると狭量な自己満足に陥って、健全な見方ができなくなり、現実、真実、そして周りの世界が歪んでしまう。サン＝テグジュペリの『星の王子さま』に出てくる子供のような王子も、同じ見方をし、「うぬぼれた人には称賛しか耳に入らない」と嘆く。私たちはそんなふうになってはいけない。腕の良い翻訳者や通訳のように言葉を正しく媒介するのだ。

周りからのフィードバックを受け止め、向上意欲をもち続け、しっかりと人生行路を描くこと。プライドをもつと、そういう感覚が鈍くなる。あるいは、自我の悪い面が顔をだし始める。感じやすく傷つきやすい被害妄想。何でも自分のこととして考えてしまう癖。

モンゴル帝国の創始者チンギス・ハーンは息子や将軍たちを跡継ぎとして育てるため、事あるごとにこう戒めた。「プライドを抑えられなければ、人の上に立つことはできない」「プライドを抑え込むのは野生のライオンを倒すより難しい」とチンギス・ハーンは言った。山を例えにすることもよくあった。

「どんなに高い山にも獣はいて、それが頂上に登れば、山より高くなるのだ」と。

私たちは普通、嫌なものに対しては身構える。たとえば私たちが夢を追いかけるのを邪魔したり、思い描くビジョンに疑問を唱えてくるような人々だ。この手の人々が警戒すべき障害であるのは間違いないが、対処するのは意外と簡単だ。むしろ問題なのは、活躍を見せるや受け始める称賛やお世辞から、どうやって身を守るかということ。つまり、私たちを心地よい気分にしてくれる、いやむしろ、よい気分にさせすぎるものに対して、あまりに無防備だということだ。プライドの兆しに気づいたら、早めにつぶしておく必要がある。さもなければ、かなえたい夢までつぶされてしまう。過度な自信を抱いていないか、妄想に浸っていないかも注意する必要がある。

「己を知ることで、まず生まれてくるのは謙虚さだ」と、アメリカの作家フラナリー・オコナーは言った。己を本当に知ることによって、エゴに打ち勝つことができる。

慢心を感じたときには自分にこう問いかけてみよう。

「自分よりも謙虚な人なら気づくようなことで、何か見落としていることがないだろうか？　空威張りし、逆上し、虚勢を張ることで、何を避けようとしているのだろう？　何から逃げようとしているのだろう？」

今のうちにこの問いに答えてみるといい。先に行けばいくほど高い代償を支払うことになるから。一言言っておくと、物静かだからといって慢心がないとはかぎらない。ひそかに心中で自分は他人より偉いと思っているなら、やはり慢心だ。「得意に思っているものが、身を滅ぼすもとになる」とは、フランスの思想家モンテーニュが書斎の天井の梁に刻んでいた言葉だ。古代ギリシャの喜劇作家メナンドロスからの引用であり、「偉ぶる者へ」という言葉で結ばれている。

私たちは今も苦闘している。そして、そんな苦闘する者こそ、私たちが手を携えるべき仲間なのだ。おごる者や偉くなった者ではない。このことを理解しなければ、慢心によって私たちの自己像はむしばまれ、現実の立ち位置と齟齬《そご》を来す。目的地までの道のりはまだ長く、すべきことがまだたくさんあるというのに。

フランクリンは梁に頭をぶつけ、マザーから諭されたあと、生涯にわたって己の慢心と闘い続けた。やりたいことがたくさんあり、慢心すればそれがかなわなくなることが分かっていたからだ。だからこそフランクリンは、「富、名声、権力」という輝かしい成功を収めながらも、「頭を高く上げすぎた人々が被る不運」とは無縁でいられたのだ。

結局のところ、これは「その資格がないうちは自慢を控えろ」ということでも、「まだ達成していないことを自慢するな」ということでもない。もっと端的に「自慢するな」ということだ。そんなことをしても何の得にもならないのだから。

本気で仕事をする

どんなに立派な計画も、仕事に落とし込まなければ、絵に描いた餅だ。

ピーター・ドラッカー（アメリカの経営学者）

画家のエドガー・ドガは、踊り子などを描いた美しい印象主義の絵画で有名だが、一時期、詩作にも凝っていた。類いまれなる創造力の持ち主であり、優れた詩が書ける条件はそろっていた。ドガには美を見いだす力があり、インスピレーションを感じることができたのだ。しかし、ドガは優れた詩を一篇も書けなかった。その理由を説明してくれそうな有名な会話がある。ある日、ドガは友人の詩人ステファヌ・マラルメに、書けない悩みを相談した。「言いたいことを言葉にできないんだ。アイデアはいくらでも浮かんでくるのに」。マラルメの返答はまさに的を射ていた。

「ドガ、詩はアイデアで作るんじゃない。言葉で作るんだ」。あるいは、手を動かして作る、と言ってもいいだろう。

プロとアマチュアの違いがまさにこの点に表れる。アイデアだけでは十分でないことを受け入れられるか。自分の体験を紙の上でうまく言葉にして再現できるまで、頑張り続けられるか。ポール・ヴァレリーは一九三八年にこんな説明をしている。

「詩人の役割とは……詩的境地を体験することではない。それは個人的な事柄だ。詩人の役割はそれを他者にも体験させることにある」

つまり、詩人の仕事とは作品を制作することなのだ。

芸術家であるとともに職人でもあること。単なる思考の産物ではなく、努力と精励の産物を生みだすこと。まさにここで抽象的な観念が現実という道と交差する。そして私たちは考えたり話したりするのをやめ、制作に打ち込むのだ。

「これからしようと思っていることをいくら語っても、名声を築くことはできない」と、自動車王ヘンリー・フォードは言った。心理学者のミハイ・チクセントミハイによる創造性に関する画期的研究の中で、彫刻家のニナ・ホルトンが同じことを言っている。

「何か着想が湧いただけでは、彫刻作品が立ち上がってこない。ただそこに座っているだけ。もちろんそこからが次の段階、必死に取り組むのよ」

投資家で起業家のベン・ホロウィッツはさらに率直に述べている。

「難しいのは、何か大きな、刺激的で大胆な目標を立てることじゃない。その大きな目標がだめになったときに、スタッフを解雇することだ……難しいのは大きな夢を見ることじゃない。その夢が悪夢に変わり、真夜中に冷や汗をかいて飛び起きることだ」

さあ、もう分かっただろう。何をやるにも努力が必要で、その努力が実に難しいということが。でも本当に分かっただろうか？　実際にどれだけの努力が必要になるのか、想像はつくだろうか？　何かチャンスをものにしたり、名前が売れたらそれで終わりではない。その努力はずっと続くのだ、それこそ永遠に。

「それなら、一万時間か二万時間頑張れば、道を究められる？」

時間は問題ではない。終わりはないのだ。数について考えると、未来はこうなるはずと仮定して生きてしまう。ここで言っているのは単に、長い時間がかかるということ。私たちがめざす目的地への旅では、天才的な才能よりも継続的な努力がものを言う。あまりパッとしない考え方だが、励みにはなるはずだ。どんな目標でも手が届くということだから。粘り強く取り組む胆力と謙虚な姿勢があれば、誰にでも実行できるのだ。

ここまでくれば、どうして私たちのエゴがこの考え方に反発するのか、お分かりだと思う。「手が届くだって⁉」と、エゴは文句をつける。「それなら、今は手が届いていないって言うのか？」。そのとおり。君はそこまで達していない。誰も達していないのだ。

　私たちのエゴはこんなふうに考える――何か成し遂げたいことがあって、それについていろいろ考えている。それで十分じゃないか？　そして計画を立てたり、会議に出たり、友人と話して感心させたりする時間も、成功に必要な努力に加えたがる。使った時間の見返りを求め、楽しいことをしたがる。つまり、注目を浴びたり、名声を得たり、栄光をつかんだりすることだ。それが現実だ。エネルギーをどこへ注ぐかで、最終的に達成できるものが決まってくる。

　ビル・クリントン元大統領は若いころ、こんな習慣があった。紙のカードに、いつか政治家になったとき力になってくれそうな友人知人の名前と電話番号をメモして、どんどん溜めていったのだ。誰に言われたわけでもなく、クリントンは毎晩箱の中のカードを引っかき回し、電話をかけたり手紙を書いたり、互いの交流についてメモを書き加えたりした。長く続けるうちに、このコレクションは膨れ上がり、一万枚にもなった（やがてデータ化された）。おかげでクリントンは大統領にまで昇りつめ、今もその配当を受け取り続けている。

　あるいは、チャールズ・ダーウィンはどうだろう。何十年も独自の進化理論に取り組みながら、まだ完成していないからと発表しようとしなかった。ダーウィンがいったい何に取り組んでいるのか、知る者はほとんどいなかった。「おいチャールズ、どれだけ時間をかけても大丈夫だ。君が取り組んでるのは、それだけ重要な研究なんだから」なんて言ってくれる者はいなかった。ほかの人には分からなかったのだ。おそらく本人にも、どれだけ価値のある研究なのか分かっていなかっただろう。分かっていたのはただ、まだ完成しておらず、もっとよくなるはずだということだった。それだけで続ける理由は十分だ。

ではここで質問。私たちは、一人で黙って自分の仕事と格闘しているだろうか？　どこに行き着くかも分からない、挫折や苦難が予想される仕事と格闘しているだろうか？　働くことを愛しているだろうか？　働くために生きている？　順番が逆になり、生きるために働くようになっていないだろうか？　偉大なアスリートのように、日々の鍛錬を愛しているだろうか？　それとも、一時の脚光や称賛を求めているのではないだろうか？　いつまでもアイデアを探し回ったり、他愛ないおしゃべりに興じたりして、仕事から逃げていないだろうか？

ラテン語にこんな格言がある。

『Fac, si facis（しようと思うことがあれば、実行せよ）』

それからこんなものもある。

『Materiam superabat opus（材料より技量のほうが大事）』

私たちを形づくる材料は、遺伝、感情、財産の点でさまざまだ。それは与えられた条件であり、自分の力ではどうしようもない。だが、その材料で何をつくるか、有効に活用できるかどうかは自分で決められる。

元プロバスケットボール選手のビル・ブラッドリーは若いころ、自分にこう言い聞かせていた。

「お前が練習をさぼっているとき、どこかで誰かが練習していて、いつかそいつに負かされることになる」

聖書にも似たような箇所がある。

「主人が帰って来たとき、目を覚ましているのを見られる僕《しもべ》たちは幸いである」

自分を欺いて、時間を投じていると言ってみたり、打ち込んでいるふりをしたりすることはできる。しかし、いつか必ずその「誰か」が現れ、真価を試される。化けの皮がはがれるのは間違いない。

ブラッドリーは大学バスケの全米優秀選手となり、ローズ奨学生に選ばれ（訳注：オックスフォード大学のエリート奨学制度）、NBAのニューヨーク・ニックスで二度優勝を果たし、上院議員にもなった。こうしたひたむきな努力が、将来どんな場所へ連れて行ってくれるのか、分かってもらえたと思う。

だから、私たちもそうしよう。汗を流して努力せずに、勝利が得られることはないのだ。

こんなふうに考えたことはないだろうか。血管を切ると流れだす血のように才能がどくどくとあふれ出て、仕事がアッという間に片付いたらいいのに。あるいは、会議室にさっそうと入っていき、きらめく知性で問題をバシバシ解決できたらいいのに。カンバスの前に歩いていって絵の具を塗りつけると、たちまち現代アートが出来上がる。誰もが一度は考えることだが、みんな幻想だ。いや、妄想と言ってもいい。

「うまくいくまでは、うまくいっているふりをする」という格言が人気を集めている。アメリカの銃の玩具ナーフのような偽物が幅をきかせる世の中では、こうした発想が広まるのも無理はない。本物の技量をもった人と、口だけはうまい自称専門家を見分けるのが難しいのだから、当然、できると見栄を切って、信用詐欺を働く輩も出てくる。できるふりをしなくてもいいように、努力を重ねること、それが鍵だ。なるべく少ない技で乗り切ろうとする医者を想像できるだろうか？ アメフトのクォーターバックは？ ロデオのカウボーイは？ そんな人間に大事なことを任せたいとは思わないだろう。それなら君は違う道をめざそうではないか。

腰を据えて何かに取り組むときは、自分にこう言い聞かせよう。あとで楽しむために今これをしているのだと。マシュマロ・テスト（訳注：子供時代の自制心と将来の成功との関係を調べる実験）を受けているのだと。心から焦がれるものを手に入れようとしているのだと。自分のエゴではなく、自分の人生のために投資をしているのだと。この道を選んだ自分をほんの少し褒めてあげよう。ほんの少しだけだ。さあ、それが済んだら目の前の仕事に戻ろう。そして懸命に働き、前に進もう。

本気で仕事をするというのは、例えるなら、悪天候で皆が屋内にいるときに独りだけ、トラックを黙々と走ることだ。最初につくった作品が目を覆いたくなるような出来でも投げ出さず、やり抜くことだ。ほかの人がどんな称賛を受けても無視し、ましてや自分は一切称賛を求めないことだ。それもこれも、なすべき仕事があるから。仕事というのは愉快であるとはかぎらない。逆風があっても取り組み続ける、そういうものなのだ。

もう一つ古い格言を紹介しよう。

「職人の仕事ぶりは残した木屑で分かる」

これは真実だ。進み具合を見極めるには、床を見ればいい。

次に何が起きようとも、エゴは敵となる…

FOR EVERYTHING THAT COMES NEXT, EGO IS THE ENEMY...

昔から言われている真実がある。

謙虚さは、大望を抱いた若者の成功への足がかりとなる。

シェイクスピア（イギリスの劇作家・詩人）

私たちはどこへたどり着きたいのか、自分で分かっている。もちろん、成功だ。偉くなりたい。富を築く、世間に認められる、名声を博す、どれも素晴らしい。全部手に入れたい。

問題は、謙虚さが成功への道なのか確信がもてないことだ。牧師サム・ウェルズが言うように、私たちは不安なのだ。謙虚になっても、「従属させられ、踏みつけられ、恥をかかされ、軽く扱われる」だけなのではないか、と不安なのだ。

私たちが範とするシャーマンでさえ、まだ若いころに同じ質問をぶつけてみれば、きっと同じような不安を口にしただろう。大して財も築いていないし、大きな戦績も残していない。自分の名が世に出たこともない（やがて南北戦争で名を上げることなどもちろん知らない）。ひょっとしたら自分の選んだ道に疑問を抱き始めたかもしれない。とんだ貧乏くじを引いたのではないか、と。

この発想こそがファウスト的な取引を生みだし、汚れのない野心が恥知らずな熱狂へと変わる。はじめのうちは、強いエゴの持ち主が有利になることがある。熱狂は大胆さで通ってしまう。思い上がりは自信の表れ、無謀さは勇気で通ってしまう。だが、それも一時のこと、後でつけが回ってくる。

ある人の人生を評して、「男は、その怪物のようなエゴにふさわしい素晴らしい人生を送った」などという話は聞いたことがない。

では、自信とは何だろうかと考えていると、アメリカの名ラジオ司会者アイラ・グラスの話を思い出す。「感性と才能のズレ」と呼ばれるものだ。

「クリエイティブな仕事をする人は皆……すぐれた感性（目や耳、舌などの感覚）をもっているから、この仕事に入るのです。でも、そこには一種のズレがあり、最初の一、二年は何をつくってもなかなか気に入りません……実際、大した出来ではないのです。よい物をつくろうと努力はしますし、その熱意もあるのですが、はっきり言って駄作です。そんなとき、自分の豊かな感性が――そもそもそれがあるからこのゲームに参加したのですが――致命的な弱点になります。なまじ感性が鋭いがゆえに、自分のつくっている物に満足できないのです」

このズレこそが、エゴを心地よく感じさせる原因となる。自分自身と自分の仕事を見つめて、力不足を痛感するのはつらいものだ。だからここで、力任せに道を切り開こうとする者が出てくる。厳然たる事実にフタをして、まったく個性の力だけで、衝動と情熱に任せて突き進もうとする。ところが、己の弱点や欠点と真摯に向き合い、じっくり取り組もうとする者もいる。これを機に謙虚になり、自分がどんな面に才能があるのか、どんな面を改善する必要があるのかを把握し、それからそのズレを埋めるべく努力するのだ。そうすれば、生涯にわたる良い習慣が身につく。

シャーマンの時代にもエゴの誘惑は強かったのだとすれば、現在ではたとえば、一九九九年の自転車ロードレース「ツール・ド・フランス」を前にしたランス・アームストロングのトレーニングが、その典型的な例だ（訳注：薬物ドーピングに手を出し、その年から同大会七連覇を遂げたが、やがて発覚して取り消された）。大リーグのバリー・ボンズが栄養補助食品会社ＢＡＬＣＯによる薬物投与を受けたという疑惑も同様だ。私たちは自ら進んで尊大と欺瞞の罠にかかり、どんな犠牲を払っても勝てばいいという考えに凝り固まる。「みんなやってる、お前もそうしたほうがいい」と、エゴはささやきかける。

「ほかの奴らを打ち負かすにはそれしかない」

もちろん、真に野心的な生き方というのはそんなものではない。己の人生と向き合い、けっして道から外れず、静かに、自信をもって歩み続けるのだ。ほかの人が何をしようと気にしない。本物の成功を収めるのは孤独な闘いとなる。そこでこう言おう。「わざわざ力を弱めるようなまねをするつもりはない」と。さらに続けて、「私は最高の理想の自分になる。そしてこの長い闘いをやり抜く覚悟がある。どんな困難にも負けはしない」。偉くなるべきか、務めをなすべきか？

シャーマンの場合、自ら決めた道のおかげで、祖国の歴史において不可欠な人物になることができた。そして、まもなくその肩にのしかかってくる重責を果たすことができた。この静かな闘いのなかで、シャーマンは己の人格を磨いた。野心的だが忍耐強く、革新的だが軽率ではなく、勇敢だが無茶はしない。まさに、真のリーダーだった。

君にもこんな道を歩むことはできる。今までとはやり方を変え、まっすぐ目標だけを見据え、勇猛果敢に突き進むのだ。というのも旅の次の段階では、想像もつかないような試練に見舞われるからだ。エゴとは成功の、邪悪なきょうだいなのである。

どういうことなのか。どんな経験を味わうのか。これから見ていこう。

Part Ⅱ

成功

Success

私たちは頑張って山に登り、頂《いただき》に立った。少なくとも頂上は視界に入った。ここで新たな誘惑や問題に直面する。空気は薄くなり、情け容赦のない環境に投げ込まれる。成功というものは、なぜこんなにも短命なのだろう？　もちろんエゴのせいだ。劇的な転落を遂げるにせよ、じわじわと落ちていくにせよ、それはいつでも起こり得るし、自業自得のことも多い。私たちは学ぶのをやめ、聞くのをやめ、大事なものを見失う。自我と競争の犠牲になってしまう。大事なことは、自分に酔わず、偏見をもたず、秩序を保ち、目的意識をもつことだ。そうすれば、成功や称賛に伴うエゴやプライドを打ち負かすことができる。

TO WHATEVER SUCCESS
YOU HAVE ACHIEVED,
EGO IS THE ENEMY ...

どんな成功を収めようとも、エゴは敵となる…

一方は高慢な野心とけばけばしい欲望、他方は謙虚な慎ましさと不偏の正義という、二つの異なるものに私たちの功名心はさらされる。二つの異なるモデル、異なる絵が私たちの前に広げられ、それに応じて私たちの人格や行動そのものが規定される。一方は色彩が鮮やかできらびやか、他方は構図が正確で精巧この上ない。

アダム・スミス（イギリスの経済学者・哲学者）

一九二四年一月、工作機械により財を成した発明家ハワード・ヒューズ・シニアは会議の席上、突然立ち上がるとけいれんを起こしてそのまま亡くなった。心臓発作に襲われたのだ。五四歳だった。若干一八歳の息子、物静かで控えめなジュニアが会社の資産の四分の三を相続した。会社は石油掘削に不可欠な特許やリース機械を有し、その資産価値は一〇〇万ドル近くに上っていた。残りの資産はほかの親族に分配された。

信じがたいほどの先見の明をもって、ヒューズ青年はある行動に出た。甘やかされたお坊ちゃまと思われていたのだが、大胆にも親族から株式を買い取って会社全体の支配権を握ろうとしたのだ。周囲の反対に遭い、しかも法律上は未成年だったにもかかわらず、ヒューズは個人資産に加え会社の資金をほとんど投入して株式を買い取り、それによって事業を一手に握った。この事業はその後一世紀にわたり、何十億ドルもの利益を生みだすことになる。

ビジネス経験がなきに等しい若者にしては、大胆な行動だった。そして同じく大胆に、ヒューズはその後の生涯にわたり、歴史上類のないほど不毛で不誠実で恥ずべきビジネスの軌跡を描いていく。現在から見ると、ヒューズが会社を指揮していた年月は、資本主義の経済活動というよりも、やりたい放題の犯罪活動と言ったほうがいい。

ヒューズが才能と先見の明ある天才だったことは否定できない。それは確かだ。機械にかけてはまさしく天才であり、しかも草創期の航空業界で指折りの勇敢なパイロットだった。事業家として、また映画制作者として、自分のいる業界だけでなくアメリカ全体をも一変させるような巨大な変化の波をとらえる能力に長けていた。

しかし、もはや伝説となっているヒューズお得意の巧みな自己アピールから、その才気走った虚飾を取り除けば、あとにはこんなイメージしか残らない――何億ドルもの財産を食いつぶし、見るも無残な最期を遂げたエゴイスト。不運に見舞われたわけではないし、思いがけない事態や競争に襲われたわけでもない。ほとんど自業自得と言ってよい。

ヒューズがその「離れ業」（こう言ってよければ）によって手にした事業は瞬く間に衰退し、厳しい現実が現れた。その軌跡をこれから見ていこう。

父親の工作機械会社の支配権を親族から買い取ったものの、ヒューズはたちまち経営を放棄した（ただし、会社の資金をたびたび持ち出すことになる）。ヒューズはヒューストンを離れ、その後本社に足を踏み入れることはなかった。ロサンゼルスへ移り、当地で映画プロデューサーになり名声を得ようとした。ベッドサイドから株の売買を指示し、やがて大恐慌を迎える市場で八〇〇万ドルを超える損失を出した。ヒューズの制作した映画で最も有名なものは『地獄の天使』だが、三年を費やし、四二〇万ドルの予算を投じたものの一五〇万ドルの赤字となり、もう少しで工作機械会社をつぶすところだった。これで懲りたと思いきや、一九三〇年代初めにはクライスラー社の株式の売買で、さらに四〇〇万ドルを失った。

すると今度はまったく方向を変えて航空ビジネスに乗りだし、「ヒューズ・エアクラフト社」という軍需企業を設立した。ヒューズ自身は発明家としていくつか素晴らしい成果を上げたものの、会社のほうは失敗だった。第二次大戦中に同社が請け負った二つの契約は計四〇〇〇万ドルに上るが、大失敗に終わり、アメリカの納税者に多大な犠牲を払わせ、もちろんヒューズ自身も大きな痛手を負った。とりわけひどかったのは「スプルース・グース」（ヒューズが「ハーキュリーズ（ヘラクレスの英語読み)」と名付けた史上最大の航空機の一つ)で、五年以上かけて開発し、二〇〇〇万ドルも費やしながら、たった一度、ほんの一マイルばかり、水上わずか七〇フィートを飛んだだけだった。ヒューズの希望により、費用を負担するという条件で、同機はその後数十年にわたりカリフォルニア州ロングビーチの空調付き格納庫に収まり展示されていた。維持費用は年間一〇〇万ドルに上った。ヒューズは映画業界にさらに入れ込むことにし、映画スタジオRKOを買い取って作品を制作するも、結局二二〇〇万ドルを超える損失を出した(二〇〇〇人いたスタッフも、数年間の事業低迷ののち五〇〇人足らずとなった)。工作機械会社と同様、こうしたビジネスにも飽きたヒューズは、軍需企業から手を引き、幹部に経営を委ねた。すると徐々に業績が上向きだした——ヒューズがいなくなったからだ。

ここで話を終えてもいいのだが、そうするとヒューズの暗黒面をいくつも飛ばすことになる。ひどい脱税。飛行機の墜落や生死をさまようような自動車事故。探偵調査や弁護士への依頼、有望な若手俳優に他映画出演を禁じる契約、一度も住まない不動産などで何百万ドルも無駄にしたこと。それでもなんとかヒューズに社会的責任を果たさせていたのは、正体が世間にばれるという恐怖だったということ。妄想症《パラノイア》、人種差別、弱い者いじめ、結婚生活の破綻、薬物依存性等々。ほかにもたくさんの事業を手がけては失敗したこと。

「ハワード・ヒューズに英雄的な面があるとしたら」と、作家のジョーン・ディディオンは書いた。

「私たちの反面教師となってくれることだ」

まさにそのとおり！　ヒューズという男は一部で名声があろうとも、間違いなく二〇世紀最悪の事業家だった。事業で大失敗をやらかした者はそのまま消えてしまうのが普通であり、いったい何が失敗の原因だったのか見極めるのは難しい。だがヒューズの場合、関心がなく放っておいた父親の会社から絶えず収益が上がってきたため、幸か不幸か事業を続けることができた。おかげで、そのエゴが再三にわたりもたらした被害をはっきり目にすることができる。ヒューズ本人はもちろん、周囲の人々も巻き込まれ、ついにはヒューズが成し遂げたかった夢まで砕け散ってしまったのだ。

ヒューズが徐々に常軌を逸していく過程で、特に印象的な場面がある。伝記作家たちの筆によると、ヒューズはお気に入りの白いイスに裸で座り、風呂も入らず髪もぼさぼさで、四六時中、弁護士や捜査官、投資家たちと闘い、なんとか自分の帝国を守り、自分の恥ずべき秘密を隠そうとしていた。ある瞬間には、ワケの分からないこと（たとえばティッシュのことや調理法、あるいは従業員は自分に直接話しかけてはいけない旨の指示）を何ページも書き取らせたかと思えば、次の瞬間には人が変わったように、債権者や敵を出し抜く天才的な戦略を思いつく。まるでヒューズの心とビジネスが二つに分かれているようだったという。「ＩＢＭが故意に二つの子会社を作り、一方にはコンピュータをつくらせて収益を上げ、他方には失敗作をつくらせて損失を出させているようなものだ」と、伝記作家たちは評した。エゴと破滅を体現した人物を探しているなら、一方の手で目標を追いかけながら、他方の手で必死に阻もうとしているこの男の姿に優るものはないだろう。

ハワード・ヒューズは私たちと同じく、完全に頭がおかしいわけでも、正気を失っているわけでもなかった。身体のケガ（自ら招いた飛行機事故や自動車事故によるもの）や、さまざまな依存性によって、ヒューズのエゴはあおられて悪化し、余人にはほとんど理解の及ばない暗闇へと落ち込んでいった。時折、ほんの一瞬正気に戻り、ヒューズのさえた知性が本領を発揮して際立った行動をとることもあったが、人生が進むにつれて、そうした瞬間もどんどん影を潜めていった。結局、ヒューズは、強迫観念やトラウマに苦しむ人々と同じように、己のエゴに殺されたといえるだろう。エゴとそれらの症状を区別できればの話ではあるが。

もちろんこんな見方もしようと思えばできる。ヒューズのことを、型破りな億万長者、奇人、世界の有名人、名士ととらえ、「ああ私もああなりたい」と思うのだ。そのほうがワクワクするし胸が躍る。だが、それは幻想だ。ヒューズは世の富豪の典型として、自らつくり上げた檻の中で死んでいった。その人生に喜びはなかった。ヒューズは自分のしていることをほとんど楽しめなかった。はっきり言えば、ヒューズは人生を無駄にした。あふれる才能も、勇敢さも、情熱も、すべて無駄にしたのだ。

アリストテレスがこう述べている。

「徳や鍛錬を積まずに、幸運の果実をきちんと実らせるのは難しい」

ヒューズが私たちの反面教師となってくれるのは、生まれもった幸運を台無しにする様を、まざまざと見せつけてくれたからだ。絶えずスポットライトを浴びたがる（それがどれほどぶざまでも）ヒューズの性格は、私たち自身の傾向について振り返る機会を与えてくれる。成功や幸運を手にしたとき、どう振る舞うべきか、ヒューズの激動の人生をとおしてわが身を省みるのである。ヒューズは巨大なエゴをもち、ハリウッドから軍需産業、ウォール街から航空産業まで破滅の道を突き進んだが、私たちはそこに、誰の中にもある衝動に延々と駆り立てられた男の姿を認める。

そしてもちろん歴史上、そうした道を歩んだのはヒューズだけではない。君はどうだろう。ヒューズに続きたいと思うだろうか？

目標への道のりでエゴを抑え込む人もいる。一方、あまりに見事なアイデアをもっていたり、タイミングが完璧だったり（あるいは、生まれつき富や力を手にしていたり）して、巨大なエゴが一時的に隠されたり、打ち消されたりすることもある。

ところがいざ成功を収めると、優勝したばかりのスポーツチームのように、エゴが心に忍び込み、勝利を呼び込んだ意志が腐ってしまう。帝国というものは必ず滅びるものだと誰でも知っている。ならば、なぜいつも内側から崩壊するのか。その理由を考える必要がある。

ハロルド・ジェニーンといえば、CEOとして、現代の国際的な複合企業《コングロマリット》の概念を生みだしたと言ってよい人物である。一連の買収・合併（合わせて三五〇件以上）を通じて、ジェニーンはITTという名のちっぽけな会社を成長させ、一九五九年に一〇〇万ドルだった同社の収益はジェニーンが引退する一九七七年には一七〇億ドルにまで膨れ上がっていた。ジェニーンのことをエゴイストと呼ぶ者もいるが、いずれにせよジェニーンは業界におけるエゴの悪影響を公然と語り、経営者たちに警告を発していた。

「企業の経営者を悩ませる最悪の病気は、一般に思われているようにアルコール依存性ではない。エゴイズムなのだ」と、ジェニーンは回顧録で述べている。「マッドメン」（訳注：一九六〇年代のニューヨーク広告業界を描いたテレビドラマ）の時代のアメリカ企業では、飲酒が重大な問題だったが、エゴも根っこは同じで、不安や恐れ、残酷な現実からの逃避から生まれる。ジェニーンは回顧録でこう語った。

「中堅幹部であれ、経営者であれ、無軌道なエゴイズムにとらわれると周りの現実が見えなくなり、ますます自分の想像の世界に逃げ込むようになる。そのくせ自分は何も間違っていないと本気で思っているから、その下で働く部下はたまったものではない」

ここまできた人は、すでに何かを成し遂げている。そして、そんな自分に拍手を送ると、エゴがむくむくと肥大し始める。

「私は特別だ。際立っている。世間のルールは自分には当てはまらない」

精神科医・心理学者のヴィクトール・フランクルはこう言った。

「人は衝動によって押し流され、倫理によって引き戻される」

エゴに支配されるか、支配するか、どちらがいいだろうか？　しっかりした倫理性をもたなければ、成功ははかなく終わってしまう。一発屋に終わることなく、いつまでも成功を維持したければ、こうしたエゴの罠といかに闘うか、そしてその闘いでどんな価値観や原則が必要なのかを、しっかり理解する必要がある。

成功は人を酔わせるが、そこから転落しないためには「しらふ」でいなければならない。自分は何でも知っていると思えば、学習は止まってしまう。私たちは、自分でつくり上げた妄想にはまり込んではいけないし、かといって外部の雑音や無責任なたわ言に惑わされてもいけない。私たちは互いに結びついて一個の宇宙を形成しているのであり、一人ひとりはその小さな点なのだということを理解することが大事なのだ。

そしてその上に、自分がしていることを組織化しシステムをつくり上げるのだ。それは仕事に関わることであって、けっして自分に関わることではない。

ヒューズへの判決は下った。エゴがこの男を破滅させたのだ。同じような判決がいつか私たちにも訪れる。君が歩む道でも、ヒューズと同じような選択を迫られる。皆そうなのだ。君がゼロから帝国を築こうが、相続しようが、あるいは君の財産が金銭的なものであろうが、磨き上げた才能であろうが、そんなことは関係ない。この文章を読んでいる今も、君のエゴはエントロピー増大の法則にしたがって膨らみ続け、君の帝国を、財産を、滅ぼそうとしている。

君は、手にした成功を管理できるだろうか？　それとも、成功を、人生最悪の出来事にしてしまうのだろうか？

ALWAYS STAY A STUDENT.

いつまでも学ぶ心を忘れない

会う人は皆、何らかの点で師であり、学べるところがあるのだ。
ラルフ・ワルド・エマソン（アメリカの詩人・思想家）

チンギス・ハーンの伝説は今もなお歴史にとどろいている。血に飢えた野蛮な征服者、文明世界への脅威。チンギス・ハーンは遊牧民軍団を引き連れてアジアとヨーロッパを駆け回り、飽くなき欲求でけっして立ち止まらず、行く手を阻む人々に対して略奪、強姦、殺戮をはたらいたばかりか、相手の文化まで破壊した。しかしモンゴル軍の築いたものは何一つ長続きしなかったため、遊牧民軍団とともにこの恐ろしい暗雲はその後の歴史から消え去った――。

世の中で一般に、感覚的に語られるチンギス・ハーンのイメージといえばこんなところだが、こういった描き方はちょっと行きすぎだろう。というのも、チンギス・ハーンは史上最高の軍人だっただけでなく、いつまでも学ぶ心を忘れない人だったからだ。そしてチンギスが輝かしい勝利を収められたのは、帝国が新しい文化に触れるたびに、自分たちにはない最良の技術、慣習などを吸収する柔軟さをもっていたからだ。

チンギス・ハーンの治世とその後数世紀にわたった帝国の支配において一つテーマがあったとすれば、それは「吸収する」ということだった。

チンギスの指揮の下、モンゴル軍は新しい文化圏と出合うたび、容赦なく征服し、また容赦なくその文化を盗み、吸収した。特に何か新しい技術を発明したわけではなく、美しい建物も、偉大な芸術作品さえ生みださなかったが、敵と戦うたびに何か新しいものを学び吸収した。チンギスは生まれつきの天才ではなかった。むしろ、ある伝記作家が言うように、「独特の自制心と集中力に支えられた意志によって、実際的に学び、実験的に応用し、絶えず修正する、そんなサイクルを回し続けた」のだ。

チンギスが世界史上、最も偉大な征服者と呼ばれるようになったのは、ほかのどんな征服者よりも学ぶ姿勢があったからだ。

チンギスが初めて、勝利を重ねられたのは、軍組織を再編成し、兵士を一〇人単位のグループに分割したことが大きかった。これは近隣のトルコ系諸部族から盗んだシステムで、チンギスは知らず知らずモンゴル軍を十進法の体制に転換させたのである。ほどなく拡大を続ける帝国は、また新たな未知の「テクノロジー」と出合うことになる。要塞都市である。タングート族への襲撃に際して、チンギスがまず学んだのは、要塞都市との戦い方のいろは、そして包囲に必要な戦略であり、すぐさまそれを会得した。その後、中国人技師の力を借りて、都市を取り囲む防壁の破壊装置を兵士につくらせた。女真族を侵攻した際は、人心をつかむ重要性を学んだ。征服した土地の学者や王族などの協力を取り付け、ほかの帝国がなしえなかったような形で領土を維持し管理することができた。新たに国や都市を征服するたびに、チンギスはその土地で最も優れた占星術師、筆写人、医師、思想家、助言者を、要するにモンゴル軍の活動に役立ちそうな者を探し求めた。モンゴル軍が遠征には必ず尋問役や通訳を同行させたのは、実にこうした理由があったのだ。

この習慣はチンギスの死後も存続した。モンゴル軍は戦術にばかり長けていたように思えるが、接触した職人、商人、学者、芸人、料理人、熟練労働者をうまく活用していた。モンゴル帝国について特筆すべきは信仰の自由を認めていたことであり、何よりさまざまな思想や、文化の融合を愛していたことだった。モンゴル帝国はレモンを中国に伝え、中国の麺を西洋に伝えた。ペルシャ絨毯やドイツの採鉱技術、フランスの金属加工技術、さらにはイスラム教を広めた。戦術に革命を起こした大砲は、中国の火薬、イスラム教徒の火炎放射器、ヨーロッパの金属加工技術が融合した結果だといわれている。モンゴル軍が絶えず新しい考えを学び、取り入れたからこそ生まれた発明なのだ。

誰しも、初めて成功を収めると、新しい状況に身を置き、新しい問題に直面することになる。昇進したての兵士は政治的な駆け引きを覚えなくてはいけない。営業マンは、チームの管理の仕方を覚えなくてはいけない。会社を設立した者は、部下への仕事の任せ方を覚えなくてはいけない。作家は、他人の原稿の編集方法を覚えなくてはいけない。コメディアンは、舞台での演技の仕方を覚えなくてはいけない。シェフがレストラン経営者になれば、店のやりくりの仕方を覚えなくてはいけない。

これは知らないですむことではない。物理学者のジョン・ホイーラーは水爆の開発に関わった人物だが、こんな卓見を述べている。

「われわれの知識の島が成長すると、われわれの無知の陸《おか》も成長する」

チンギスは勝利を収め前進するたびに賢くなったが、それによって出合ったことのない未知の状況にぶち当たることにもなったのだ。いろんなことを知り、理解を深め広めながら、逆に己の無知を強く自覚していくためには、特別な謙虚さが必要だ。「何かを知っていることは、何も知らないに等しい」と言ったソクラテスの知恵を思い出そう。

何か成功を収めると、実際以上に知っている振りをしなくてはいけない気になる。何でも知っているかのような振りをするのだ。ラテン語にこんな格言がある。

「Scientia infla（知識は人を思い上がらせる）」

自分が完璧だと思うことは危険で、心配の種だ。何かを理解し究めるというのは、実際には流動的で継続的なプロセスなのだ。

グラミー賞を九度受賞し、ピュリッツァー賞にも輝いたジャズミュージシャンのウィントン・マルサリスはかつて、有望な若手ミュージシャンに向けて、生涯にわたって音楽を探究するために必要な心構えを説いた。

「謙虚になると学ぶ意欲が生まれる。それを損なう傲慢さをやっつけられるからだ。謙虚でいれば自分を偽らず、真実をありのままに見られる。自分で自分の首を絞めてはいけない……相手が本当に謙虚かどうか見極める方法を知っているか？　簡単な確かめ方が一つある。謙虚な人というのは、いつも周りをよく見て、耳を傾け、自分のやり方を改善しているものだ。『自分は知っている』なんて思い込むことはけっしてない」

君がここまでに何を成し遂げたにせよ、学ぶ心を忘れないほうがいい。学ぶことをやめているのなら、死につつあるのと同じことだ。

学ぶ心というのは駆け出しのときにだけ必要なものではない。死ぬまでもち続けるべき態度だ。どんな人からも、どんな物事からも学ぶことができる。君が打ち負かした相手、君を打ち負かした相手、君が嫌いな相手、さらには君が敵と思っている相手からも。人生のどんな時期でも場面でも学ぶ機会はある。たとえ失敗して、純粋に反省のために学ばなければならないときでも、エゴのために耳を閉ざしてはならない。

私たちはついつい自分の知性を過信し、安全地帯に閉じ込もる。そこにいれば恥をかくことはないし、新しいことを学んだり、自分の知識を見直したりする必要もないからだ。すると、自分の理解にもいろんな欠点があることが見えなくなり、やがて進路を変更しようにも手遅れになる。そのときになって、つけを払わされるのだ。

何かを究める道には必ず脅威が現れる。岩の上にたたずむ怪物セイレーンのように、エゴは君をおだて心を満たす甘い歌をささやき、船は難破する。エゴのささやきにのり「自分は卒業した」と思った途端、学びはストップしてしまう。だからこそ格闘家フランク・シャムロックが言うように、「学ぶ心をもつ」のだ。学習に終わりはないのである。

対処法は実に簡単だ（最初は不快だろうが）。門外漢に等しい分野の本を読んでみる。全然知らない分野のセミナーなどに出てみる。そうして居心地の悪さを感じ、受け身に立つことで、自分が心の底で抱いていた思い込みがくずれ始める。つまり、あえて自分自身をそうした環境にさらすのだ。すると考え方が変わる。周囲の見え方が変わる。

自分の欠点を認められない頑なさがあるうちは、アマチュア止まりだ。プロは新しいことを学ぶのを（ときには無知をさらけだし恥をかくことを）楽しむ。進んで批判や反論を受け、謙虚さを忘れない。学習というものを継続的な終わりのないプロセスだととらえている。

軍隊の文化というのはたいてい（一般の人にも当てはまるが）、未知のものに出くわすと、自分たちの価値観を押しつけ屈伏させようとする。モンゴル軍の強さの秘密は、どんな状況も客観的に見て、必要なら、従来のやり方を捨てて新しいものに乗り換えられる能力だった。そしてこれは、偉大な企業ができ上がるための条件でもある。ただし、やがて試練が訪れる。「破壊の法則」によれば、どんな業界・産業も、いずれ新しいトレンドやイノベーションが生まれて破壊されることになる。そのとき既存のプレーヤーは、その世界でどれほど権力を有していようとも対応することができない。なぜそんなことになるのか？　なぜ企業は自ら変化して適応することができないのだろう？

最大の理由は学ぶ能力をなくしたからだ。学び手《スチューデント》であることをやめたのだ。そうなったが最後、知識は脆くなる。

ピーター・ドラッカーによれば、学ぼうという気持ちだけでは十分ではない。人は前に進みながら、学ぶ方法を探求し、この継続的教育を進めやすくする仕組みをつくり上げねばならない。さもなければ、自ら無知の罠に落ちていくことになるのだ。

物語を語らない

神話は自然に生まれるわけではない。何度も語り直されるうちに神話となるのだ。

デヴィッド・マラニス（アメリカのジャーナリスト）

一九七九年、ＮＦＬのサンフランシスコ・フォーティナイナーズヘッドコーチに就任したビル・ウォルシュは、アメリカンフットボール界最悪の、それどころかプロスポーツ界最悪と言っていいこのチームを、わずか三年でスーパーボウル優勝に導いた。優勝トロフィーを掲げながら、ウォルシュの頭にこんな考えがよぎったとしてもおかしくない。「ＮＦＬ史上最速の復活劇はまさに計画どおりだった。何十年かのち、自伝をまとめるときにはこの話も入れよう」

ゾクゾクするような物語だ。コーチに就任し、チームを変革し、復活劇を遂げる。そのためにぬかりなく計画を立てた。すべては望んだとおりに運んだ。それもこれも、自分に能力があり才能があるからだ。もしウォルシュがこう言ったとしても、誰もとがめなかっただろう。

ところがウォルシュはこんな空想にふけることを拒んだ。スーパーボウルに勝つことは予定していたのか、と人から聞かれて、ウォルシュは何と答えたか？　答えはいつも「ノー」だった。というのも、それほどひどいチームを引き受けて、そんな大それたことを考えるなんて、妄想以外の何物でもなかったからだ。

ウォルシュが着任する前の年、フォーティナイナーズの成績は二勝一四敗だった。組織の雰囲気といえば、士気は低く、皆打ちひしがれ、ドラフトでとった選手もおらず、敗北の文化に染まりきっていた。最初のシーズン、ウォルシュはやはり一四敗を喫した。二年目に入っても成績は上がらず、自信をなくしかけたウォルシュは辞任も考えた。ところが、着任から二四カ月（辞任を考えてからわずか一年余り）後には、ウォルシュは晴れ舞台に立ち、スーパーボウル優勝に導いた「天才」と呼ばれていた。

なぜこんなことが？　これも「計画」のうちではないと言うのか？

種明かしをすれば、ウォルシュはコーチに就任したとき、勝利自体をめざしたのではなかった。その代わり、「行動基準」というものをチームに浸透させたのだ。つまり、いつ、どこで、何をすべきか。基本的なレベルでも組織全体においても、ウォルシュの計画はただ一つ。この基準を浸透させることだった。

ウォルシュは一見ささいな細かいことにこだわった。選手は練習グラウンドに座り込んではいけない。コーチはネクタイを締め、シャツは中に入れる。チーム一丸となって全力で取り組む。スポーツマンシップはすべての基本。ロッカールームはきちんと清潔にしておく。喫煙、けんか、暴言は厳禁。クォーターバックにはポジションとボールのキープの仕方を指示する。ラインマンには三〇通りの必要な訓練を積ませる。パスのルートを分析し、インチの単位まで分類する。練習は分刻みで予定を組み、きっちりその時間に行う。

これは「管理する」のとは少し違う。行動基準とは、一流の行動を浸透させることである。これら一見して単純な、しかし骨の折れる基準は、壮大なビジョンを描いたり、高圧的に選手に言うことを聞かせたりするよりもずっと効果があった。ウォルシュの目から見れば、選手たちが細かい基準に一つひとつ気を配れば、「結果はおのずとついてくる」はず。その先に勝利も待っている。

ウォルシュには強さと自信があった。だからこうした基準が　やがて勝利をもたらすことが分かっていた。そのうえ謙虚だったから、いつ勝利が訪れるかは神のみぞ知るということも分かっていた。でも、歴史上どのコーチよりも早く勝利をつかんだって？　それはたまたま運命の女神が味方したにすぎない。けっして壮大なビジョンがあったからではない。事実、二シーズン目にはコーチの一人がクラブオーナーに、ウォルシュはさまつなことにこだわりすぎ、勝利の目標をもっていないと不平を訴えた。ウォルシュはこのおしゃべりなコーチを解雇した。

私たちは、偉大な帝国を築く人というのは築こうと思ってそれを築いたのだと考えたがる。なぜだろう？　私たちも自分が成功する計画を夢想して楽しみたいからだ。身に起きた幸運や、それに伴う富や名声を、すべて自分の手柄にしたいからだ。物語というのは、とても信じがたい自分の成功の道のりを振り返って、「ずっとこうなると分かっていた」とうそぶくことだ。「願っていた」でも「努力した」でも「運に恵まれた」でもない。「こうなるかもしれないと思っていた」でさえない。成功することがずっと分かっていたわけがない。もしそうなら、それは知っていたというより信じていたと言うべきだろう。自分を疑っていたことなんて、きれいさっぱり忘れているのだ。

過去の出来事から物語をこしらえるのは、実に人間的な衝動だ。事実をねじ曲げる危険な行為である。自分自身の物語を書くことは傲慢さにつながる。自分の人生を大河小説に仕立て、あるいは自分を漫画の主人公にしてしまう。まだ人生を生きている最中だというのに。作家のトバイアス・ウルフが小説『オールドスクール（Old School）』で書いたように、そうした物語は「のちにつなぎ合わされる。ほとんど悪気もなく、真面目な動機から。そうした物語は繰り返し語られるうちに、記憶に刻みつけられ、ほかの解釈の余地はなくなってしまう」。

ビル・ウォルシュには分かっていたのだ。チームに変革と勝利をもたらしたのは、一見ささいなことに思える、あの細かい「行動基準」なのだということを。だがそれでは新聞の見出しとしては退屈すぎる。だからウォルシュは「天才」と呼ばれ、そしてそれを無視した。

その肩書きと物語を受け入れてしまえば、他愛のない自己満足ではすまない。そうした物語で過去が変わるわけではないが、間違いなく将来に悪影響が出る。

物語を受け入れてしまうことがどれほど危険かを、ウォルシュの選手たちがすぐに証明してくれた。やはり選手たちも、夢のような勝利を収められたのは自分たちが特別だからだと考えたがった。スーパーボウルでの最初の優勝から次の二シーズン、チームはさんざんな出来だった。この手の勝利につきものの誤った自信が一因だった。結局二二試合戦って一二回負けた。原因は何か？　まだうまくコントロールできていない力を、すっかりものにしたと早合点したことだ。劇的な成功は自分たちの実力だと思い始め、そもそもその成功をもたらしてくれた「行動基準」をおろそかにするようになっていた。

チームが再び本気で「行動基準」に取り組みだすようになって、ようやく勝利が戻ってきた（一〇年間で三度のスーパーボウル優勝、九度の地区優勝）。物語に浸るのをやめ、目の前の課題に集中するようになったからこそ、また以前のように勝てるようになったのである。

ここにはまた別の問題もある。一度勝利を収めると、全方位から狙われるようになることだ。頂点に立っている瞬間ほど、エゴを避けねばならない時はない。賭け金がぐんと高くなり、失敗できる余地はぐんと小さくなるからだ。さらに人の話に耳を傾け、フィードバックを受け入れ、改善し成長を遂げる能力がそれまで以上に重要になる。

物語やイメージよりも、事実のほうが大切だ。二〇世紀の財務家バーナード・バルークがこんな名言を残している。

「底値で買っておいて、天井値で売ろうとするな。そんなことは不可能だ。嘘つきでもないかぎりな」

つまり市場の値動きについてのいろいろな主張を、あまりうのみにするなということだ。アマゾン創設者のジェフ・ベゾスが、この誘惑について語っている。ベゾスは、自分についての新聞の切り抜きに何と書いてあろうとも、自ら築いた巨大企業に「『ははあ、なるほど！』なんて瞬間」はなかったことを忘れないようにしているという。会社を創設したり、市場で金を稼いだり、アイデアを練り上げたりするのは、秩序のないカオス状態なのだ。それをあとからきれいに物語にまとめてしまうと、そこにないはずの明瞭さが生まれてしまう。

私たちが何かを追いかけるとき、ほかの人々の物語から成功の秘訣を導きだしたくなる。自分の目標を達成したときは、万事が計画どおりに運んだ振りをしたくなる。だがそうした衝動にあらがわなくてはいけない。壮大で立派な物語などなかったのだ。成功が訪れたとき、君はただそこにいただけ――そのことを忘れないようにしよう。

何年か前、グーグルの創業者の一人がこんな話をした。ある会社や起業家が有望かどうかを判断するために、「世界を変えるつもりがあるか」を尋ねている、と。素晴らしいことだ。ただしグーグルはそんなふうに始まったのではない（創業当時、ラリー・ペイジとセルゲイ・ブリンは、どちらもスタンフォード大学の大学院で博士論文に取り組んでいた）。ユーチューブだってそんなふうには始まらなかった（創業者たちはテレビに革命を起こそうとしたのではなく、面白い動画を共有しようとしただけ）。真の成功企業というのは、そんなふうに理路整然とは始まらないのだ。

投資家のポール・グレアム（エアビーアンドビー、レディット、ドロップボックスなどに投資した）はウォルシュと同じ町で、ウォルシュより数十年後に仕事をしていたが、新興企業《スタートアップ》に対してはっきりとこう警告していた。「あまり早くから大胆で壮大な計画を立てるな」と。もちろんグレアムは資本家だから、産業界を大きくかき乱し世界を変える企業に投資したい。結局そこに金が集まるのだ。グレアムは企業が「ゾクゾクするような野心的な」構想を描くことを望みつつ、「本当に大きなことを成し遂げる道は、一見小さく思えることから始まる」とも語る。グレアムが言いたいのは、エゴに駆られて正面攻撃を仕掛けるな、それよりも小さな賭けから始めて、前に進みながら己の野心を調整していけばいい、ということだ。グレアムはまた「自分を抑えろ」ともアドバイスしているが、これも至言だ。君が頑張るべきことは、新聞の見出しを飾る華やかなビジョンでなく、自分の仕事とその背後にある原則なのだ。

ナポレオンは、妻に贈った結婚指輪に「運命に従おう！」という言葉を刻んでいた。運命こそ、ナポレオンがいつも信じていたものであり、この一言によってナポレオンは己の大胆極まる、野心的なビジョンを正当化した。そして、常軌を逸した行動をとり続けた末に待っていた真の運命とは、離婚、追放、敗北、悪名だった。セネカが戒めたように、運命を信じることはその奴隷になることにほかならない。

「天才」という言葉を信じることは本当に危険だ。そこで思い上がって、自分もそうだと思い込んだら目も当てられない。同じことが、仕事をしているとついてくる肩書きにも当てはまる。映画監督、作家、投資家、起業家、エグゼクティブ――。何か一つ成果を収めただけで、そんなふうに急に変わるものだろうか？　そうした肩書きはまず現実とそぐわないし、そもそも成功をもたらしてくれた本物の戦略とも合致しない。そう考えると、未来の成功というのは、努力、クリエイティビティ、忍耐、幸運がそろったときに生まれてくる物語の自然な続きなのではないかと思えてくる。

今のグーグルは、自身のルーツから離れてしまっており（ビジョンや将来性というものを科学的・技術的な能力と混同している）、早晩つまずくことになるだろう。ウエアラブル端末グーグルグラス（Google glass）やSNSグーグルプラス（Google ＋）といったプロジェクトの、誰の目にも明らかな失敗がすでにその証しかもしれない。グーグルだけではない。アーティストというのはとかく、「インスピレーション」や「苦悩」が制作心をたきつけると考え、それを中心にイメージを形にしていく（精力的に汗を流して努力して取り組むのではないのだ）。ところがやがて袋小路にはまり込んでしまう。

同じことが私たちにもいえる。何をしているかは関係ない。何か偉大な物語を生きている振りはやめて、行動することに、それも卓越した行動をすることに集中しなくてはいけない。偽りの王冠は投げ捨て、成功のために続けてきた努力を、これからも続けなくてはいけない。

成功を維持し続ける道は、それしかないのだから。

WHAT'S IMPORTANT TO YOU?

君にとって重要なものは何？

自分が好きなものを知ることは、知恵と成熟の始まりである。
ロバート・ルイス・スティーヴンソン（イギリスの作家・詩人）

南北戦争が終結したとき、ユリシーズ・S・グラント将軍と友人のウィリアム・テクムセ・シャーマンはアメリカ中で最も尊敬される、最も重要な二人組だった。北部連合の勝利の実質的な立役者として国中から感謝され、何でも意のままになった。二人が生きている間、欲しいものは何でも手に入る――そんな状況だった。

この自由を手にして、シャーマンとグラントは異なる道を歩んだ。シャーマンの軌跡はすでに述べたとおりだが、彼は政治を嫌悪し、再三にわたる選挙の出馬要請を断った。「地位や階級ならもう十分持ってるよ」というのがお決まりの断りの文句だった。己のエゴを抑えられるようになった様子で、やがて引退してニューヨーク市に暮らし始めた。その余生は、幸福で満ち足りたものだったように見える。

一方のグラントは、もともと政治にさして関心を示さず、実を言えば将軍として名を成したのだって、政治的駆け引きを知らなかったことが功を奏したともいえるのだが、シャーマンとは違いこの国で最高位の職、大統領をめざすことにした。地滑り的勝利で当選を果たすと、アメリカ史上最も汚職にまみれ、問題が山積の無能な政府を率いることになった。根っから人がよく実直なグラントが、ワシントンの汚い世界でやっていけるはずもなく、たちまち打ちのめされた。ヘトヘトになりながら二期を務めたが、グラントの評判は芳しくなく、反感さえ買っていた。なぜこんなお粗末な結果に終わったのか、本人も納得がいかなかった。

グラントはその後、フェルディナンド・ウォードという問題投資家と組んで証券会社をつくる計画に、ほぼ全財産を投じてしまった。ウォードは現代でいえばバーナード・マドフのような人物で、グラントとの会社を利用して「ポンジ・スキーム」と呼ばれる出資金詐欺をはたらき、グラントを破産に追い込み、その醜聞は世間に知られることとなった。シャーマンは友人への同情と理解を込めてこう記した。「グラントは世の億万長者たちと張り合おうとしていた。その闘いに勝つためならすべてを投じる気だったのだろう」。グラントは多くのことを成し遂げていたが、それでも満足していなかった。自分にとって何が重要か、本当に大切なものは何か、を判断することができなかったのだ。世の中そんなものだ。私たちは自分が持っているものでは満足できず、他人の持っているものまで欲しがる。誰よりもたくさん持たないと気がすまない。はじめは自分にとって大切なものが分かっていたのに、一度成功を収めると、人生の優先順位を見失ってしまう。エゴは私たちを揺さぶり、ときに破滅に追い込む。

グラントは廉恥心を知る人であったから、会社の借金を返そうと、かけがえのない戦争の記念品の数々を担保に借金をした。身も心もボロボロになり、晩年は咽頭がんに苦しんだ。家族に幾ばくかの金を遺そうと自伝の執筆を急ぎ、やっとの思いで書き上げた。

ぞっとする話だ。この英雄は徐々に生命力を奪われ、わずか六三歳で苦悶と敗北のうちに亡くなった。この率直で正直な男はただ、自分の衝動を抑えられず、大事なものに意識を集中できなかったために、あふれる才能を見当違いの方向に使ってしまった。もしもグラントがこれらの年月を違ったかたちで過ごしていたら？　アメリカはどんなふうに変わっていただろう。そしてグラント自身、さらにどんなことを成し遂げていただろう。

グラントがこの点で特別だと言っているのではない。誰も彼も考えもなしに、何となく魅力を感じて、あるいは欲やうぬぼれから「イエス」を連発する。「ノー」と言ってしまえば、チャンスを逃してしまうと思うからだ。私たちは「イエス」がさらに大きな成功へつながると考えるが、現実にはまったく逆で、むしろ欲しいものを遠ざけてしまう。私たちは皆、好きでもないことをして貴重な人生を無駄にする。尊敬しているわけでもない人に自分の力を証明しようとして、結局望んでいないものを手にする。

私たちはなぜこんなことをするのだろう。その答えはもうお分かりのはずだ。

エゴが嫉妬心をかきたて、程度の差こそあれ人の背骨を腐らせる。エゴはその持ち主を惑わせ、尊厳を損なう。

私たちはたいてい初めのうちは、人生で望むものをはっきり分かっている。自分にとって大事なものを知っているのだ。ところが成功を収めると（とりわけ成功が早く訪れたり、あまりに大きな成功だったりすると）、自分の知らない世界へと連れて行かれる。突然環境が変わって羅針盤を失い、それまでの努力を続けられなくなる。

成功の道を進むにつれ（それがどんなものであろうと）、ほかの成功者に出会って、自分がちっぽけに感じられることが増えてくる。君がどれだけよくやっているかは関係ない。君のエゴが、自分の成果を取るに足りないものに感じさせるのだ（本当はほかの人も同じように感じているのだが）。このサイクルは永久に続く……しかし、この世における私たちのはかない生は（与えられるチャンスも）永遠ではない。

だから私たちは無意識にペースを上げ、ほかの人たちに負けまいとする。しかし、もしも皆それぞれ違う理由でレースを走っているのだとしたら？　レースは一つだけではないのだとしたら？

　これこそまさに、シャーマンがグラントについて言わんとしたことだ。私たちが本当は好きでもないことを必死に追いかけている様は、O・ヘンリー『賢者の贈りもの』の皮肉に通じるものがある。少なくとも、それが続かないことは確かだ。せめて、少し立ち止まって考えてみればいい。

　誤解のないように言うが、競争心というのは生きていくうえで大切な力だ。市場を動かす力でもあり、人類が成し遂げた偉業のいくつかは競争心のおかげである。ただし個人のレベルでは、自分が誰と、なぜ闘っているのかを知ることが絶対に必要だ。つまり、自分の現状を把握するということである。

　自分がどんなレースを走っているのか、それを知っているのは自分だけだ。つまりエゴに決めさせなければの話だが。エゴの価値観は一つしかない――誰よりも何よりも優れ、たくさん手に入れること。そろそろ目を覚まさなければいけない。私たちには一人ひとり、特別な可能性と目的があるのだ。人生というレースの条件を決め、評価を下せるのは自分しかいない。私たちはつい他人の目を気にし、その称賛を基準にして、それを達成しなければという気になってしまう。その結果、かけがえのない自分の可能性を、人生の目的を台無しにしてしまうのだ。

　セネカによれば、ギリシャ語の『euthymia』こそ、私たちが折にふれ思い出すべき言葉である。これは、私たちが歩む道についての考え方であり、どうしたら誰にも邪魔されずに自分の道を歩み続けられるかを示したものだ。他者を打ち負かすということではなく、他者よりたくさん手に入れるということでもない。道を迷わせる障害に惑わされずに、できるだけうまく、自分自身であり続けるということ。自分の決めた場所をめざすということ。自分で選んだ、最も得意なことで成功するということだ。言い足すことは何もない（ちなみに「euthymia」とは「平静、落ち着き」という意味だ）。

そろそろ腰を据えて、本当に大切なものは何かを考える時だ。それが分かったら、残りは全部捨ててしまおう。それができなければ、どんな成功を収めても楽しくないし、せっかく収めた成功もどこか物足りないものになる。あるいは長続きしない。

それが特に当てはまるのはお金だ。どれだけお金が必要か分かっていなければ、初期値《デフォルト》はついつい「もっとたくさん」になってしまう。だから注意しないと、本当にしたいことに使うべきエネルギーが全部、蓄財に費やされてしまう。著名なジャーナリストでありながらねつ造で名を落としたジョナ・レーラーは、自身の転落を振り返って「不安と野心が組み合わさったとき、物事に『ノー』と言えなくなる」と語った。

エゴは、AかBかどちらかを選ぶといった取引を嫌う。「なぜ妥協しなくてはいけない？」。エゴはすべてを欲しがる。

エゴは、たとえ配偶者を愛していようとも浮気をするようにささやきかける。自分が持っているものも、持っていないものも欲しがるからだ。エゴは「それでいい」と言う。「ある事が分かりかけてきたのだから、別の事に移っても悪いことではないだろう」。しまいには、「イエス」を連発しすぎて自分の限界を超えてしまう。メルビルの小説『白鯨』のエイハブ船長が、もはや誰にも理解できない理由から白鯨モービー・ディックを追いかけたように。

ひょっとしたら、君の優先事項は本当にお金なのかもしれない。それとも家族かもしれないし、影響力を手にしたり変化を起こしたりすることかもしれない。長続きする、あるいは何らかの目的にかなう組織を作ることかもしれない。どれも動機としては申し分ない。しかし同時に、自分が何を望んでいないのかを、それを選んだことで何ができなくなるのかを知っておく必要がある。というのも、戦略というのは互いに相容れないことが多いからだ。オペラ歌手と一〇代向けのアイドルに同時になることはできない。人生ではそうした選択や決断をしなければならないが、エゴはそれを許さないのである。

君はなぜ、今していることをしているのだろう？　その問いに答える必要がある。答えが出るまで考え続けよう。そのとき初めて、何が大切で、何が大切でないかが分かる。そのとき初めて、「ノー」と言えるようになり、どうでもいい（ときに存在すらしない）馬鹿げたレースから手を引くことができる。そのとき初めて、「成功している」人々をあっさり無視できるようになる。というのも彼らはたいがい、成功してなどいないからだ。少なくとも君にとっては、そしておそらく本人にとっても。そのとき初めて、セネカの言う落ち着いた自信を身につけることができる。

君が決めた道を歩み、成功を手にするにつれ、本来の目的に忠実であり続けるのは難しくなる。だが本当はその必要がますます高まるのだ。誰もが「あれさえあれば」という神話につかまってしまう。「あれ」とは普通、ほかの人が持っているもので、それを手にすれば幸せになれるはずと思い込んでしまう。この幻想のむなしさを実感するには、何度か痛い目に遭わなければならないかもしれない。ときには、何か面倒な仕事や義務に拘束され、「なぜこんなことに」と嘆息することもある。自分にストップをかけるには、勇気と信念が必要だ。

君が追いかけているものについて、なぜそれを追いかけているのかをもう一度考え、はっきりさせよう。君のペースを乱す連中は相手にしないことだ。ほかの人には、君が手にしているものを羨ましがらせておけばいい。そしてその逆はしないこと。なぜならば、それが自分の道を歩むということなのだから。

ENTITLEMENT, CONTROL, AND PARANOIA

権利意識、支配欲、パラノイア

自分の仕事が異常に重要だと思い始めたら、それは精神が病んでいく兆候である。
バートランド・ラッセル（イギリスの哲学者）

ペルシャ帝国の王クセルクセスがギリシャ侵攻の際、ダーダネルス海峡を渡ろうとしたところ、波が荒れ狂って、配下の技師たちが何日もかけて築いた橋を打ち壊した。するとクセルクセスは川に鎖を投げ入れ、川に三〇〇回のむち打ちをくれるよう命じ、鉄の焼きごてを川に加えた。クセルクセスの部下たちは王の処罰を実行しながら、その命に従いこう叫んだ。「憎き流れよ、我らが王がこれから貴様に罰をお与えになる。何の咎《とが》もない王に対して、恐れ多くも貴様は牙をむいたのだ」。そして、何たることか、クセルクセスは橋を築いた者たちの首をはねたのだ。

偉大な歴史家のヘロドトスはこの示威行動を「思い上がり」と呼んだが、これでは控えめに過ぎるだろう。「愚の骨頂」なる「倒錯」と言ったほうが適切だ。しかもこれはクセルクセスの人格の一部だった。この直前にもクセルクセスは、これから運河を掘ろうとしている山に宛てて文《ふみ》を書いている。

「お前は背が高く、さぞかし誇りに思っていようが、私の邪魔をしようとは思わぬことだ。もし邪魔をすれば、貴様を崩して海へ沈めてやる」

実にこっけいだ。もっと言えば、哀れだ。

クセルクセスの偏執狂的なおびえは、残念ながら歴史の例外ではない。成功を収めると、特に権力を手にすると、この上なく強力で危険な偏執にとりつかれる。つまり、権利意識、支配欲、パラノイア（妄想症）の三つである。

まさか君がここまで頭が変になって、命のないモノを擬人化して報復を加えるようなことにはならないだろう。これは純然たる、紛れもない狂気であり、ありがたいことにめったに見られるものではない。むしろもっとありふれているのは、自分の力を過信し始めることだ。すると、ものの見方が狂いだす。しまいには、クセルクセスのようになってしまう。笑い話ではすまない。

詩人のウィリアム・ブレイクはこう言った。

「歴史上、最も強い毒はカエサルの月桂冠から生まれた」

成功は私たちに魔法をかける。

問題の種は、そもそも成功をもたらしてくれた道の中に潜んでいる。目標を達成できたのは、たいてい、むき出しのパワーと意志の力を発揮したからだ。何もなかったところに何かをつくり出せたのは、起業家精神と技《わざ》を兼ね備えていたからだ。富を築くことができたのは、相場と不利な状況を覆したからだ。スポーツ選手ならば、自分の運動能力がほかの選手に優ることを証明したからだ。

成功を手にするには、周囲の人々の疑念や不信の念に耐えねばならない。拒絶されてもめげてはいけない。いくらかリスクをとる必要もある。いつギブアップしてもよかったのだが、そこでくじけなかったからこそ今ここにいるのだ。バカバカしいほど不利な状況でもあきらめず勇敢に戦い抜くのは、ある意味、まともでない態度だ。頭がいかれていると思うこともある。でもそれがうまくいくと、自分が歩んできた道の正しさが証明されたように感じられる。

ではどうして、その態度を続けられないのだろう？　一度成功を収めると、こんなふうに考えたくなるのが人間だ。「大なり小なり世界を変えた。自分の手には魔法の力が宿っている。ここまで来られたのは、前より大きく、強く、賢くなったからだ。自分の生きる現実をこの手でつくることができるのだ」と。

ビーニーベイビーズ（訳注：アメリカを中心に一時期大流行したぬいぐるみ）の生みの親であるタイ・ワーナーは、自ら築いた巨大企業をつぶす直前、従業員の一人から受けた忠告を退け、豪語した。「タイ・ワーナーが本気を出せば肥やしだって売れる！」。タイは間違っていた。会社は見るも無残に倒産しただけでなく、タイはもう少しで刑務所に送られるところだった。

君が億万長者か百万長者か、はたまた運良くよい仕事にありつけた若者にすぎないかは、この際関係ない。君をここまで運んできた、絶対にやってやるという自信が、気をつけないと落とし穴になる。きっと君はもっとよい生活を送りたいと切望しただろう？　大変な努力も苦にならないような熱い野心もあっただろう？　これらは、初めのうちは真摯な活力となるのだが、放っておくと傲慢さや権利意識に変わってしまう。同じことが、何でも管理し支配したいという衝動にもいえる。もはや支配欲にとりつかれている。自分を疑う者たちの誤りを証明しようと思い始めたら……。それは、パラノイアの始まりだ。

もちろん新しい生活には責任が伴い、当然ストレスや苦悩もついてくる。すべてを自分で管理しなくてはいけない、部下の不手際にイライラさせられて「なんでそんなことが分からないんだ」と叫びだしたい。義務や責任は増えていく一方……。「こんなこと誰も教えてくれなかった」。そう思うから、ますます泥沼にはまっていく。約束の地は素晴らしいものだったはずだ。なぜこんなに癪《しゃく》に障るのか。だが、ここで押しつぶされてはいけない。こんなときこそ自分自身を、そして健全な見方を保つのだ。

アメリカ独立戦争の際、アメリカの外交使節としてフランス、イギリス両国へ派遣されたアーサー・リーは、同輩の外交官サイラス・ディーン、年長の政治指導者ベンジャミン・フランクリンと仕事ができる機会を喜ぶどころか、逆に二人を憎み、つっかかり、さらに二人が自分を嫌っていると思い込んだ。とうとうフランクリンがリーに宛てて手紙を書いた（誰もが人生のどこかで受け取っておかしくない種類のものだ）。

「君がこの気性を直さなければ、いずれ精神に異常を来すことになる。これはその前兆なのだ」

おそらくフランクリンは、自分自身もそうした気性を抑えこんでいたから、手紙を書いたことで自分が浄化され落ち着くことができたのだろう。結局手紙は送らずじまいだった。

ウォーターゲート事件でリチャード・ニクソンが大統領執務室で交わした会話の録音テープを聞いたことがある人なら、そこに同じ病を感じとり、ニクソンにもあのような手紙を送ってあげられていたらと願ってしまう。自分が法的に許されていることは何か、自分の職務は何か（人民に尽くすことだ）ということばかりでなく、現実そのものまで見失ってしまった男の痛ましい末路だ。ニクソンの感情は、極度の自信から、恐怖や不安へと激しく揺れ動いた。ニクソンは部下をたらし込み、自分が信じたくない情報や意見は退け続けた。ニクソンは誰にも、己の良心にさえも、ノーと言わせない隔絶された世界で生きていたのだ。

ウィンフィールド・スコット将軍が、当時、合衆国陸軍長官のジェファーソン・デービスに宛てて書いた手紙がある。デービスはささいなことでいちいちスコットに難癖をつけては困らせていた。スコットは無視を決め込んでいたが、とうとう対処を講ずる必要に迫られて、手紙をしたため、デービスを哀れんだ。

「いかなるときも、腹を立てた分からず屋には同情すべきです。その男はさんざん他人を攻撃することで、自分自身を傷つけているだけなのですから」

エゴは自分自身にとって最大の敵だ。エゴはまた、最愛の人さえ傷つける。家族や友人を苦しませる。顧客やファン、お得意様だって同じことだ。ある者がナポレオンをこんなふうに批判して、その正体を暴いた。

「この男は国民を見下しながら、その喝采を浴びようとしている」

ナポレオンはフランス国民を、操る駒としか見ることができなかった。国民は自分より劣った存在でなければならず、また無条件に、全面的にナポレオンを支持していなければならない。そうでない者は反逆者だ。

賢明な人間になりたければ、常に自分の能力の範囲と限界をわきまえておく必要がある。

権利意識は人にこう思わせる。「これは私のものだ。私はこれを勝ち取った」。と同時に、ほかの人々をないがしろにする。ほかの人の時間も、自分の時間と同じく価値があるとは考えられないからだ。権利意識をもつと、自分の意見の正しさを延々と主張するようになり、一緒に働く人々を、いやや働かざるを得ない人々を、ほとほとうんざりさせる。さらに自分自身に向けても自分の能力を誇張するようになり、将来の見込みへの判断が甘くなり、とんでもない期待を抱くようになる。

支配欲を抱く者はこう言う。「何でも私の言うとおりにしなければいけない。たとえ小さなことでも、どうでもいいことでも」。やがて無益な完璧主義に陥り、ただ自分の言うことを聞かせたいがために無意味な闘いを繰り返すようになる。そして力を借りる必要のある人々を、無駄に消耗させる。とりわけ、限界まで追い込まれないと反対の声を上げない物静かな人々を。空港では窓口の職員と、電話ではカスタマーサービスの担当者と、さらには支払請求を審査する代理店と、いちいちけんかするのだ。そんなことをしても何にもならないのに。私たちは天気を支配できず、市場を支配できず、他人を支配できない。それが現実なのに、それでも支配しようとするのは純粋にエネルギーの無駄遣いだ。

パラノイアにとりつかれた人はこう考える。「誰も信用できない。私はまったく独りで、自分のためにこれを成し遂げたのだ」。そしてこう言う。「周りは馬鹿ばっかりだ」。そしてこうも言う。「自分の仕事や義務（つまりは自分のこと）に取り組むだけではだめだ。舞台裏でさまざまな策を講じておく必要もある。やられる前にやっつけるために。何か侮辱の匂いを嗅ぎ取ったらすぐにやり返すために」

誰もがこのような上司や恋人、親をもったことがあるはずだ。こうしたもめ事、怒り、混乱、衝突。どうしてこんなことになってしまったのか？　どうやってこの惨状に終止符を打てばいいのだろうか？

「空想の不安にとらわれた人は、自らの手で本物の不安をつくりだす」と、セネカは言った。セネカ自身、政治顧問として、権力者たちが破滅的なパラノイアに溺れる様を目撃した。

世の悲しい法則だが、あくまで「一番しか考えない」人は、ほかの人々の敵意と反感を買い続ける。そうした振る舞いによって、己の弱さや自信のなさ、不安をさらけだしていることに気づかない。パラノイアに陥った人は、自分を守ろうと躍起になるあまり、かえって周りの人に「迫害」される状況をつくり出し、自らの妄想と混乱の虜《とりこ》となってしまう。

これが、成功を夢見たときに思い描いた自由だろうか？　そうではないはずだ。

それならば、やめよう、今すぐに。

自分をコントロールする

優れた資質を備えるだけでは十分ではない。それを管理する必要もあるのだ。

フランソワ・ド・ラ・ロシュフコー（フランスの貴族・モラリスト文学者）

一九五三年、ドワイト・D・アイゼンハワーは就任祝賀パレードを終え、その日の夜遅く、大統領として初めてホワイトハウスに入った。すぐに担当スタッフが現れ、「重要機密」と記した書簡を二通、アイゼンハワーに手渡した。その日の日中に出されたものだという。アイゼンハワーは即座に指示した。「封をした文書を二度と持ってこないでくれ」。アイゼンハワーは断固たる口調で言った。「そのためのスタッフはちゃんといるだろう」

なんて横柄な、早くも権力に酔いしれたか？　と思うかもしれない。

まったく違う。アイゼンハワーはこの一見ささいな出来事の意味を見抜いていた。これは組織が無秩序で機能不全に陥りつつある兆候なのだ。すべての案件にアイゼンハワーが目を通す必要はない。そもそもその文書が重要かどうか、誰が判断するのか？　なぜ誰も検閲をしないのか？　アイゼンハワーにとって大統領として最優先の職務は、行政府を、円滑に機能する指揮命令型の組織にすることだった。自身がかつて指揮した軍部隊のようにするのだ。別にアイゼンハワーが自ら働くことを嫌ったわけではない。すべてのスタッフが仕事をもち、自ら考えてその仕事を遂行する。そして上司は部下を信頼し任せる。これこそが大事なことなのだ。首席補佐官がのちにこう述懐している。

「大統領が最も重要なことをし、私は次に重要なことをするのです」

アイゼンハワーといえば、一般にはゴルフをしている姿がおなじみだが、実際にはけっして怠けていたわけではなく、厳格な組織運営をしていたから余暇をとれたのだ。アイゼンハワーは、緊急であることと重要であることは違うと知っていた。己の仕事は優先順位を定め、全体を見通し、それから配下の人々を信頼して仕事を任せることだった。

私たちのほとんどは大統領ではないし、会社の社長ですらないが、それでもやはり人生の階段を上っていく過程で、一時うまくいったやり方や仕事の習慣が、この先も成功を保証してくれるとはかぎらない。まだ成功をめざしている段階なら、何か自己流のやり方でも、懸命な努力と少しの幸運があれば、秩序のなさを補えるかもしれない。だが、成功を収めてからもそのやり方では通用しない。そこから一段階上がって、体系的なやり方を身につけなければ転落してしまう。

ホワイトハウスでのアイゼンハワーのやり方と対極に位置するのが、ジョン・デロリアンが設立した悪名高い自動車会社だ。デロリアンはGM（ゼネラルモーターズ）を辞めて、自らの未来的自動車のブランドを立ち上げたのだ。数十年を経た現在から、同社の壮大な自滅劇を振り返ると、まずこの男は、時代の先を行きすぎていたのだと言ってよい。さらにデロリアンの成功と転落は、いつの時代も変わらぬ普遍的な物語でもある。権力に飢えたナルシストが、自らその夢を損ない、その過程でほかの人々に何百万ドルもの損失を与えたのだ。

デロリアンは、GMでは秩序と規律を重んじるカルチャーのせいで、自分のような輝ける天才が活躍できずにいると思い込んでいた。そこで自分の会社を設立するとき、あえて何から何までGMと反対のことをして、従来の知恵やビジネス慣行をあざ笑った。だが、デロリアンが無邪気に思い描いた、自由奔放でクリエイティブな「聖域」は生まれなかった。むしろそこに現れたのは、強権的で、策略に満ちた、機能不全の、汚職の蔓延する組織であり、やがて自らの重みで沈没し、ついには詐欺などの犯罪行為にも手を染め、二億五〇〇〇万ドルもの損失を出した。

デロリアンが、製造した自動車についても、企業経営についても失敗したのは、上から下まで管理体制がずさんだったからだ。とりわけ上が、トップがひどかった。つまり、デロリアン自身に問題があったのだ。アイゼンハワーと対照的に、デロリアンは休む暇もなく四六時中働いたのに、まるで違う結果に終わった。

ある幹部の証言によると、デロリアンは「チャンスを見極める力はあったが、チャンスをつくり出す方法は知らなかった」と言う。別の幹部はデロリアンの経営スタイルを「色とりどりのバルーンを追いかけているようだ」と評した。デロリアンはいつもあっちこっちに気を散らし、やりかけのプロジェクトを放棄しては別のものに手を出した。デロリアンは天才だった。でも悲しいかな、それだけで十分なことはめったにないのだ。

意図したわけではないのだろうが、デロリアンはエゴが野放しになる文化をつくり出した。自分が成功し続けるのは当たり前だと思い込んでいたためか、デロリアンは規律や秩序、戦略立案といったものを嫌った。従業員は適切な指示を与えられず、かと思えば、どうでもいいような細かい指示に閉口させられた。デロリアンはけっして部下に仕事を任せなかった。ただし追従者は別だ。能力やスキルよりも、そうしたやみくもな忠誠心が評価されたのだ。おまけに、デロリアンはしょっちゅう仕事に遅れを出した。自分の思い込みにとらわれ、現実の納期など忘れていたのだろう。

幹部は会社の負担で「課外活動」を行うことが許され、とりわけボスの利益になるサイドプロジェクトに取り組むことが奨励された。デロリアンはCEOとして投資家やほかの幹部、下請け業者にしょっちゅう事実を歪曲した説明を行い、この習慣は社内に蔓延していた。

妄想にとりつかれた者の常として、デロリアンの決断は効率性と体系、責任を欠いていた。GMのシステムを改善したり修正したりするのではなく、まるで秩序そのものを放棄したかのようだった。その結果現れたのは無秩序と大混乱で、誰もルールを守らず、誰も責任を負わず、何の成果も上がらなかった。すぐに崩壊しなかった理由はただ一つ、デロリアンが世間との交渉に長けていたからだ。その手腕をもってうまくいっているように見せかけ、とうとう最初の欠陥車を組立ラインから世に送り出してしまった。

当然ながら、車はひどい出来だった。うまく動かない。一台あたりの費用対効果は完全に予算オーバー。ディーラーも十分に確保できない。購入した客に肝心の商品が届かない。出だしは大失敗だった。そしてデロリアン・モーター・カンパニーは二度と立ち直れなかった。

偉大なリーダーになるのは難しいことがこれではっきりした。つまりどういうことか？　デロリアンは自分を管理することができないから、ほかの人を管理することもできなかったのだ。そして自分自身も、夢も、ぶち壊しにしてしまった。

管理だって？　それが、私たちがクリエイティブに働き、独創的なアイデアを出した見返りだって言うのか？　偉くなるための条件だと？

そう、そのとおりだ。誰もがいつかは、子供のころ反感を抱いていた監督者たる大人になることを受け入れるのだ。それなのに私たちはつい子供のように駄々をこね、こんなふうに考える。「管理する側になったら、今までのように好き勝手がやれなくなってしまう」

アイゼンハワーを思い出そう。アイゼンハワーはなんと言ってもアメリカ大統領、世界最強の権力者だった。ふんぞり返って、自分のやりたいようにやることもできた。しかし自分がだらしなくしていては、人々にしわ寄せが行く（そうした大統領は過去にたくさんいた）。だからそんなまねはしなかった。秩序と責任こそ、この国に必要なものだと分かっていたのだ。その大義の前では、自分がどう振る舞いたいかなど二の次だった。

デロリアンのケースが残念でならないのは、才能ある人々の常としてデロリアンの着想は的を射ていたということだ。デロリアンの考えた車は、革新的で胸躍るものだった。成功していてもおかしくなかった。デロリアンには資産も才能もあったのだ。ただ己のエゴと、そこから生じた無秩序のために、せっかくの材料が実を結ぶことなく終わってしまった。私たちにも起こり得ることだ。

君がいったん自分のフィールドで成功を収めると、責任のあり方が変わってくる。何かを実際に「する」時間がどんどん減り、決断を下す時間がどんどん増える。それがリーダーというものの特徴だ。この転換を遂げるには己のアイデンティティを見直し、修正する必要がある。自分がそれまでやっていた仕事の、面白くやりがいのある部分を、ある程度あきらめることも必要だ。それはつまり、自分が得意だと思っていた分野についても、ほかの人のほうが向いているとか専門知識があるとかいうことを受け入れるということでもある。少なくとも、潔く他人に任せたほうが時間の節約になる。

たしかに、取るに足らないようなさまつな事柄にいつもかかりきりになっているほうが、楽しいかもしれない。出動要請を受けて火事を消しに行くようなもので、重要な人物になった気がするかもしれない。さまつな事柄というのはいくらでもあって、うまく対処すれば得意になれるものだ。一方、全体像というのはリーダー以外の者には見えにくい。いつも愉快とはいかないが、それも仕事だ。もしも君が、「ボス」を演じることに忙しく、全体像を描かないならば、いったい誰がやるというのか？

もちろん、「正しい」やり方というのは存在しない。権力を分散させるシステムがいいこともあれば、厳格なヒエラルキーが望ましいこともある。どんな計画や目標にも、何をなすべきかに応じて、ぴったりはまるアプローチが存在する。クリエイティブでリラックスした環境が、君のしていることに一番しっくりくるかもしれない。スタッフがそれぞれ遠隔地にいてデジタルツールで連絡を取り合うのがよいかもしれないし、全員顔を合わせて仕事を進めるほうがよいかもしれない。

大事なことは、自分自身と、それからほかの人たちを管理する方法を学ぶことだ。でなければ、君は業界の中で負け犬になってしまう。一から十まで口を出す上司はただのエゴイストで、ほかの人を管理できず、たちまち仕事を抱えすぎてパンクしてしまう。

カリスマ的な空想家で、実行に移す段になると関心を失ってしまう人がいるが、そうした人も同じ人種だ。さらにたちが悪いのは、自分の周りをイエスマンや追従者で固め、尻拭いをさせる人だ。そうやってつくり出された雰囲気のなかで、自分たちがどれだけ現実から遊離しているかも見えなくなる。

責任を遂行するためには新しい状況に順応し、それから目標を明確にする必要がある。まずは組織と自分の人生の最優先目標を決める。それを実行し、観察する。ひたすら成果だけを追い求める。魚は頭から腐るという。今や君がその頭なのだ。気づいているだろうか。

BEWARE THE DISEASE OF ME

「わたし病」に気づく

もし私が私自身のために生きないのなら、誰が私のために生きてくれるのだろう。
しかしもし私が、私自身のためだけに生きるのなら、私とはいったい何者だろう?

ヒレル（ユダヤ教のラビ）

第二次大戦の連合国軍には偉大な将軍たちがいた。パットン、ブラッドリー、モンゴメリー、アイゼンハワー、マッカーサー、ジューコフ、それからジョージ・マーシャル。皆、それぞれ国のため勇敢に戦い、指揮を執ったが、なかでも最後の一人は別格だった。

こんにちでは第二次大戦は、善なる者が正義のために力を合わせて悪に立ち向かった汚れなき戦いと見られている。問題は、勝利と時の経過によって、この戦いの正義の側に立った者たちもやはり生身の人間だったということが、見えにくくなっていることだ。つまり連合国軍の中にも政治的駆け引き、謀略、主役争い、ポーズ、強欲、責任転嫁があったことを、私たちは忘れている。ほとんどの将軍たちが自分の縄張りを守り、互いに争い、歴史に名を残そうと躍起になっている横で、一人の男にはそうした振る舞いがまったくと言っていいほど見られなかった。そう、その男とはジョージ・マーシャル将軍だ。

しかもマーシャルは、その偉大な功績によってライバルの将軍たちを淡々と追い抜いた。なぜそんなことができたのだろう。

全米プロバスケットボール協会（NBA）のロサンゼルス・レイカーズとマイアミ・ヒートを幾度も優勝に導いた名将であり、球団経営者でもあるパット・ライリーによれば、偉大なチームはある決まった軌跡をたどるという。生まれたばかり（つまり勝つ前）のチームは無心で無邪気である。条件がそろえば一致団結し、互いに気を配ってチーム全体の目標にまい進する。この段階を、ライリーは「イノセント《純粋無垢》な上昇」と呼ぶ。

チームが勝ちだしてメディアの注目を浴びるようになると、個々の選手をまとめていた、まだ日の浅い結束がほころび始める。選手はそれぞれ自分の重要性を値踏みする。慢心が広がる。不満が出てくる。エゴが現れる。ライリーによれば、「イノセントな上昇」のあとには、ほぼ決まって「わたし病」

が訪れる。それは「どんなシーズンにもどんな瞬間にも勝利チームを襲う」もので、恐ろしいほど頻繁に起こるものである。

シャキール・オニールとコービー・ブライアントは関係が悪く、一緒にプレーできなかった。マイケル・ジョーダンはスティーブ・カー、ホーレス・グラント、さらにはウィル・パデューを殴りつけた。チームメイトなのに。つまり仲間を殴ったのだ！

エンロンの従業員は個人的利益のために、カリフォルニア州全体を暗闇の中へ突き落とした。事件の発端は、自分が気に入らない事業をつぶそうとした幹部の一人が、メディアに情報をリークしたことだった。ネギング（訳注：相手を故意に否定することで主導権を握ろうとする戦術）をはじめ、あらゆる脅しの戦術がとられた。

私たちの場合はこんなふうに考え始めることになる――自分は誰よりも優れている。自分は特別だ。自分の問題や経験はほかの皆とは全然違っているから、誰にも理解できない。こうした態度のせいで、これまでにも、私たちよりよほど立派な人々やチーム、あるいは大義が崩れていったのだ。

ジョージ・マーシャルは、一九三九年、ドイツがポーランドに侵攻した日にアメリカ陸軍参謀総長に就任し、大戦の間中その任にあったが、私たちはこの人物に、こうした傾向に対する歴史上数少ない例外を認めることになる。マーシャルはどういうわけか「わたし病」に一度もかからず、それどころか、さまざまな場面で病にかかった者たちの目を覚まさせた。

マーシャルの特徴としてまず挙げられるのは、地位に対する健全な態度である。たいていの人は自分の地位に執着する。

とはいってもマーシャルも、世間的な地位や階級をすべて捨てたわけではない。マーシャルは大統領に、自分をジョージではなく、マーシャル将軍と呼んでほしいと求めた（自分の力で手に入れた称号だから）。けれども、ほかの将軍たちが昇進に執着したのとは違い（たとえばマッカーサー将軍が大戦の前に抜きんでて出世できたのは、母親の尽力によるところが大だった）、マーシャルはむしろ自分から昇進を拒んだ。マーシャルを陸軍参謀総長に推そうという声が周囲で高まると、マーシャルはやめてほしいと懇願し、「そんなことをすれば軍の中で目立つ。実際、目立ちすぎる」と言った。のちにホワイトハウスがマーシャルにフィールド・マーシャル《陸軍元帥》の称号を与える法案を通そうとしたときも、マーシャルは自分から断った。一つには、「フィールド・マーシャル・マーシャル」なんて響きが馬鹿げていると考えたからだ。それから、かねて助言と指導を仰いできたジョン・パーシング将軍が当時死の床にあり、師よりも高位につくことを嫌ったためでもあった。

想像できるだろうか？　どんなときもマーシャルは名誉心から名誉を拒み、ほかの人にくれてやったのだ。マーシャルも一人の人間として名誉を欲したが、正しい方法で手に入れることに固執した。また、名誉を手にすることがどれほど素晴らしいことでも、別に名誉なんてなくても構わないということも、マーシャルには分かっていた。ところがほかの将軍たちは、名誉なしではやっていけなかった。エゴにとりつかれた者は名誉を得ないと気持ちが満たされないのだ。一方、自信に満ちた人というのは、外部の称賛など求めず、黙々と目の前の仕事に集中することができる。

道を歩み始めたばかりのころは、それほど苦もなくそうした犠牲を払うことができるかもしれない。有名大学を中退して自分の会社を始めることもできる。ときに軽く扱われることにも我慢できる。ところが一度成功を収めると、「それは自分のものだ」という意識に切り替わり、にわかに褒賞や称賛が重要になる。それを追い求めたから成功できたわけではないというのに。その金が、肩書きが、メディアでの注目が欲しくなる。チームのためでも大義のためでも、もちろん自分のためでもない。とにかくそれは自分のものだと考え始めるのだ。

一つはっきりさせておこう。どれだけ成功を収めても、強欲になっていい権利もなければ、ほかの人を犠牲にして自分の利益を追求する権利もない。その点をはき違えると身勝手になり、その結果、自分の首をしめることにもなる。マーシャルはこの点を極限まで試された。己のキャリアの総決算となる仕事が、すぐ目の前にぶら下がっていたのだ。それは、Dデー（連国軍によるノルマンディー上陸作戦）における部隊の指揮権である。史上最大の協調侵攻作戦になると見られていた。ルーズベルト大統領は、マーシャルが望めば指揮権を与えるつもりでいた。将軍が歴史に名を残すには、戦功を上げることが最も確実な方法だ。だから、マーシャルには本当はワシントンにいてもらいたかったのだが、ルーズベルトはマーシャルに指揮を執る機会を与えようとしたのだ。マーシャルはすべて断った。「決定権はあなたにあります、大統領閣下。私の希望など、本件には何の関係もありません」。そうして指揮権と栄光はアイゼンハワーに渡った。

実際、アイゼンハワーはこの職務に最適な人物だった。見事な働きをして戦争の勝利に貢献した。それを犠牲にしてまで得るべき価値のあるものなど、あるだろうか？　マーシャルはそう考えたのだ。だが、これこそ私たちがふだんしていることだ。エゴが邪魔をして、自分の関わっている大きなミッションに尽くすことができない。ならばどうしろと言うのか？　他人に先を越されるのを黙って見ていろと言うのか。

作家のシェリル・ストレイドは、かつて若い読者に向けてこう語りかけた。

「あなたは、自分がなろうと思う人間になるでしょう。だったら、なにも好んでバカ者になることはありません」

これは実に危険な、成功の皮肉だ。成功したばかりに、望んでもいなかったような人間になってしまう。どんなイノセントな上昇にも、「わたし病」の影が忍び寄るのである。

かつてマーシャルを手ひどく扱った将軍がいた。おかげでマーシャルはキャリアの半ばで事実上左遷され、閑職といっていいポストに移された。のちにマーシャルはその将軍を追い越し、報復の機会が訪れた。だが、マーシャルはそうしなかった。なぜならば、その男にいくら欠点があろうとも、まだ使い道はあり、いないよりはいるほうが国益にかなうと判断したからである。こうやって穏やかにエゴを抑えることに、どんな意味があったのだろうか？　そのおかげで、目の前の仕事をうまく片付けることができたのだ。それで十分だ。

今ではほとんど使われなくなった言葉に「雅量《がりょう》（寛大で度量が大きい）」がある。もちろんそれ自体よい戦略でもあるのだが、マーシャルが概して情け深く、雅量があったのは、それが正しいことだったからだ。トルーマン大統領のような高位の人物から見て、マーシャルが軍でも政治でも際立っていたのは、「けっして自分のことを考えなかった」からだった。

マーシャルにはこんな逸話も残っている。公務のために肖像画を作る必要がたびたびあり、その一枚についてのエピソードだ。何度も顔を出し、我慢強く画家の要望に応え、とうとう絵が完成した。画家から終わりましたと告げられると、マーシャルは立ち上がってそのまま出て行こうとした。「絵を見ていかれないんですか？」と、画家が尋ねると、「ああ、結構だ」と、マーシャルは丁重に答えて去っていった。

自分のイメージを管理することは重要ではないのだろうか？　そのとおり、重要ではない。キャリアの初めのころは、自分のイメージを高めるチャンスがあれば飛びつくだろう。だが、だんだんと成功を収めるうちに、そんなものはなすべき仕事からの逸脱でしかないと気づき始める。マスコミ、賞、マーケティング、そうしたものに費やす時間は、本当に気にかけるべき仕事をおろそかにする以外の何物でもない。自分の絵を眺める時間が誰にあるだろう？　それに何の意味があるだろう？

マーシャル夫人がのちに語ったように、ジョージ・マーシャルを単に、謙虚で穏やかなだけの人物と見た人々は、この男の特別な資質を見落としていた。マーシャルにも皆と同じように、エゴ、私利私欲、プライド、尊厳、野心といったものがあった。ただマーシャルの場合、そうした欠点は「謙虚さと無私無欲の感覚によって中和されていた」。

名を残そうとすることが悪いわけではない。頂点をめざすのも悪いことではない。自分自身食べていくために、また家族を食べさせていくために頑張るのも悪いことではない。結局、そういうこともすべて人生の一部なのだ。

大事なのはバランスだ。サッカーの監督トニー・アダムスがうまい表現をしている。

「ユニフォームの背中の名前のためにプレーしろ。背中の名前を記憶してもらえる」

マーシャルを見るかぎり、「無私無欲と正直さは弱さとなり、成功の妨げになる」という考えは馬鹿げた迷信にすぎない。もちろん自分の話ばかりする困った人々はいつだっているだろうが、そうした人は例外なく、おおむね自分でつくり上げた虚飾虚構の世界に住んでいるのだ。

名声？　そんなものはいらない。

MEDITATE ON THE IMMENSITY

世界の大きさに心を向ける

僧というのは、あらゆるものと隔たりながら、あらゆるものと調和している者だ。

ポントスのエヴァグリオス（キリスト教の修道僧）

一八七九年、自然保護運動家で探検家のジョン・ミューアはアラスカを初めて訪れた。今では有名なグレーシャーベイのフィヨルドと岩の多い地形を探検しながら、ミューアは突然、強烈な感情にとらえられた。これまでずっと自然を愛してきたが、今ここで、極北特有の夏の気候のなか、一瞬のうちに全世界と一体になったような感覚を味わったのだ。全生態系と生命の環《わ》を目の当たりにしたかのようだった。鼓動が高まり、ミューアと一行は「胸がじんわり温かくなり、あらゆるものとの調和を感じた」。そして、私たち皆の母なる故郷である「自然の中心へと還っていった」。ありがたいことに、ミューアは周りの世界の美しい調和を日誌に書き留めてくれた。これに匹敵する文章にはいまだお目にかかっていない。

私たちをとりまく生命とその躍動、世界の美しさに圧倒される。倦《う》むことなく寄せては返す波が、美しい岸を洗い、海では魚を育む紫色の広大な紅藻《ダルス》の草原が揺れる。幾列もの小川が流れ、そこかしこで滝が白い水しぶきをあげている。その様子は花が咲くようでもあり、歌うようでもあり、何千もの山々に枝のように広がっている。さんさんと降り注ぐ陽光が広大な森林に養分を与え、その一つひとつの命が喜びにわく。虫たちの群れが霧のように空中を飛び回り、森の尾根では野生の羊と山羊が草をはみ、木いちごの繁みには熊が、そしてはるか向こうに見える山々や湖では、ミンクやビーバー、カワウソがいる。インディアンや冒険家たちはそれぞれの孤独な道を歩み、鳥たちは子供の世話にいそしむ。どこを見ても辺り一面、生命と美、歓喜の営みに満ちあふれている。

この瞬間、ミューアはストア哲学でいう『sympatheia』の境地を体験していた。sympatheiaとは宇宙との一体化のことだ。フランスの哲学者ピエール・アドはこれを「大洋のように広大な感情」と呼んでいる。何か大きなものに属しているという感覚、「人間とは広大さの中の微少な点にすぎない」ことを悟ること。まさにそうした瞬間に、私たちは自由になるばかりか、ある重要な問いへと引き寄せられる。

「自分は何者なのか？　何をしているのか？　この世界で自分の役割は何なのか？」

こうした問いから私たちを引き離すものは、物質的成功をおいてほかにない。私たちはいつも忙しく、ストレスを感じ、だまされ、気を散らされ、部下から報告を受け、頼りにされ、疎外される。私たちは豊かで、特別な存在だとか、力があるとか言われる。

エゴは私たちにささやきかけてくる――「意味とは行動から生まれてくる。注目を浴び続けること、大事なのはそれだけだ」

自分より大きな存在との結びつきを失うと、魂の一部がどこかへ行ってしまったように感じる。まるで、過去の伝統や出自と引き離されてしまったかのように。芸術、スポーツ、兄弟姉妹、家族……。エゴのせいで世界の美や歴史とつながれなくなる。エゴが壁となるのだ。

私たちが成功をむなしく感じるのも無理はない。ヘトヘトに疲れ果てるのも、単調な毎日を繰り返しているだけのように感じるのも、かつては自分を駆り立ててくれたエネルギーが消えてしまったのも、当たり前の話だ。

そこで、こんな方法を試してはどうだろう。古戦場や史跡を歩いてみる。いろんな彫像を見ていると、人間というものがどれだけ似ているか、どれだけ変化が少ないかに嫌でも気づく。昔も、今も、そしてこの先もずっと。かつてここに偉大な男が立っていた。勇敢な女が死を遂げた。残酷な金持ちが、この宮殿に住んでいた……。その昔、自分より何世代も前に、ほかの誰かがここにいたのだという感覚。

この瞬間、私たちは世界の広大さを感じる。エゴなど感じようもない。「どんな人間も祖先からの引用である」というエマソンの言葉が、たとえ一瞬であれ腑に落ちるからだ。祖先は私たちの一部であり、私たちは伝統の一部である。こういう態度から生まれる力を受け入れ、慈しみ、そこから学ぼう。こういう理解に達するのはワクワクする体験だ。ミューアがアラスカで感じたのと同じように。そう、私たちはちっぽけな存在で、この偉大な宇宙と自然摂理の一部でもあるのだ。

宇宙物理学者のニール・ドグラース・タイソンがこの二重性をうまく説明している。

「宇宙を見上げると、自分の小ささを感じますが、自分は大きくもあるのです。大きいというのは、自分が宇宙とつながり、宇宙も自分とつながっているからです」

宇宙に比べた自分の小ささと大きさを、同時にかみしめることはできるのだ。私たちはただ、どちらのほうが大きく、長くここに存在するかを忘れているだけだ。

歴史上、偉大な指導者や思想家たちが野に遊び、インスピレーションや構想を得て戻ってきては、世界を変える道に乗りだすのはなぜだろうか？　自然の中に身を置くことによって世界を感じ、慌ただしい日常では見えないような全体的視点が得られるからだ。周囲の雑音を消し去ることでようやく、耳を傾けるべき静かな声が聞こえてくる。

何かを創造するというのは、未知のものを受け入れ、そこに何かを発見することである。世界が自分中心に回っていると思っていたら、そんなことはできるはずがない。

ほんの一時でもエゴを追い払うことで、目の前に埋もれた手つかずの宝物を手に入れることができる。知覚を押し広げ世界の広さを感じれば感じるほど、ますます多くのものが見えてくる。残念ながらほとんどの人は、過去からも未来からも切り離されている。かつては毛むくじゃらのマンモスが大地を闊歩《かっぽ》し、ピラミッドが建造されていたことを私たちは忘れている。クレオパトラが生きた時代は、彼女の王国を象徴づけるピラミッドが建造された時代よりも、むしろ私たちの時代に近いのだが、それを知る人は少ない。イギリスの労働者が、ネルソン記念柱とライオンのブロンズ像を作るためトラファルガー広場の一角を掘ったところ、地面の下から本物のライオンの骨が見つかった。数千年前にはまさにこの場所でライオンが歩き回っていたのだ。

最近ある人が計算したところでは、六世代の人が輪になって手をつなげば、世紀を越えて、バラク・オバマとジョージ・ワシントンがつながるという。ユーチューブに投稿されている動画によれば、一九五六年のアメリカCBSの番組『アイブ　ゴット　ア　シークレット（I've Got a Secret）』（たまたま往年の人気女優ルシル・ボールを取り上げた回だったが）で、ある老人が秘密を打ち明けている。その秘密とは、一八六五年にリンカーンが暗殺されたとき、現場のフォード劇場に居合わせたということだった。リンカーンも私たちの時代とつながっていることが、これで分かる。

また、イギリス政府は最近になってようやく、一七二〇年にまでさかのぼる負債の数々を返済した。その負債とは、南海泡沫事件、ナポレオン戦争、帝国の奴隷制の廃止、アイルランドのジャガイモ飢饉といった出来事に起因するものだ。これはつまり、二一世紀の現代でも、一八、一九世紀と直接、間接的なつながりがあるということなのだ。

力や才能が伸びてくると、自分が特別だと考えてしまいがちだ。そして、自分はかつてない幸福な時代を生きているのだと。これに輪をかけるように、私たちが目にする写真は五〇年前のものでも白黒で、当時は白黒の世界だったのだと思い込んでしまう。だが、よく考えればそうではない。当時も空の色は今と同じだったし（場所によっては今より明るく澄みきっていただろう）、人々は心を痛めたり、うれしさに頬を赤く染めていただろう。私たちは昔の人々と何ら変わらないし、これからもそうだ。

「オレぐらい偉大になると、謙虚になるのも一苦労さ」と言ったのはモハメド・アリだ。たしかにそのとおり。だから偉大な人々はこの逆風と戦うために、一層努力しなくてはいけないのだ。感覚遮断装置《アイソレーションタンク》の中に入り、隔離された空間で静寂に包まれれば、己の偉大さに夢中になるなんてできない。夜更けに一人砂浜を歩けば、目の前には黒々とした海が果てしなく広がり、足下の岸辺に波が轟音とともにぶつかってくる。そんな光景を前にして、人は謙虚にならざるを得ない。

こうした宇宙との調和をもっと積極的に求めたほうがいい。ブレイクの有名な詩はこんな出だしで始まる。

「一粒の砂に世界を見／一輪の野の花に天国を見るには／君の手のひらで無限をつかみ／一瞬のうちに永遠をつかめ」

これこそ、私たちがここで求めているものだ。私たちのちっぽけなエゴを消し去ってくれる深淵な経験だ。

自然界の要素、力、周囲の事物に対して自分がいかに無力であるかを感じよう。周りの人に腹を立てたり戦ったり出し抜こうとしたりするのが、いかに不毛であるかを理解しよう。野へ出て、無限の存在に触れ、世界との意識的な隔絶を終わらせよう。人生の現実ともう少し折り合いをつけよう。これまでたくさんのものが自分に訪れたこと、そしてもうそのほんの一部しか残っていないことに気づこう。

その感情に任せて、行けるところまで行ってみよう。そして、前よりも気分が楽になったり、大きな人間になれたと感じられたら、もう一度歩みだそう。

冷静さを保つ

修練を究めると単純さに行き着く。

ブルース・リー（中国の武道家・俳優）

アンゲラ・メルケルは、私たちが国家元首に、特にドイツの国家元首について抱くイメージをほぼ完全に打ち壊してくれる。率直で飾り気がなく、謙虚。派手なパフォーマンスで脚光を浴びようとしない。火を吐くような熱弁を振るったりもしない。権力拡大や支配にも関心がない。基本的に穏やかで控えめである。

世にごまんといる指導者とは違い、メルケル首相はエゴに、権力に、地位に酔っていない。冷静である。だからこそ、首相として三期続けて絶大な人気を誇り、矛盾するようだが、現代ヨーロッパで自由と平和の強力な推進力となっている。「冷静」でも、すさまじい力があるのだ。

メルケルが少女のころ、水泳教室での話だ。飛び込み台まで歩いてくると立ち止まり、飛び込むかどうか思案した。一分、二分……時間が経過する。レッスン終了のベルが鳴り始めたとき、ようやくメルケルは飛び込んだ。メルケルは臆病なのか、それとも心配性なだけなのか？　それから長い年月がたち、ドイツ国家元首となったメルケルは、重大な危機を迎え動揺していたヨーロッパの指導者たちに、「恐怖は良き助言者である」と言って戒めた。飛び込み台に立っていた子供のころ、メルケルは与えられた時間をフルに使って、正しい決断を下そうとしたのだ。無茶に走るのでもなく、恐怖に駆られるでもなく。

人はもっぱらエネルギーと情熱によって成功を収めるのだと、私たちは考えがちだ。エゴとは「大物になる」ために必要な人格の一部だと考え、つい大目に見てしまう。ひょっとしたら、君がここまで来られたのは、そうした強引さのおかげもあるのかもしれない。ただ、ちょっと考えてほしい。そんなやり方がこの先何十年も通用するものだろうか？　誰よりもよい仕事をし、誰よりも先を走る、そんなことが永遠に続けられるだろうか？

答えはノーだ。エゴは私たちに「お前は無敵だ、尽きることのない無限の力を持っている」とささやきかけてくる。だが、そんなものが偉大さの資質であるわけがない。無限のエネルギーなど、一体どこにあるだろう？

メルケルは、まさにイソップ童話のカメだ。ゆっくりと着実に進む。ベルリンの壁が崩壊した歴史的な夜、メルケルは三五歳だった。ビールを一杯飲むと、さっさと寝て、いつもどおり早起きして仕事にでかけた。懸命に働き、数年後には物理学者としてけっして有名ではないが、堅実な仕事ぶりを評価されるようになっていた。政界入りしたのはそれからだ。首相になったのは五〇代。一歩一歩進んでいく、勤勉で地道な道のりだ。

それに反して、たいていの人はこの人生でなるべく早く頂点に立とうとする。じっと待つ忍耐力がない。頭には出世の階段を上がることしかない。頂上に着くと、そこにとどまる手段はエゴと情熱しかないと思い込む。でもそれは間違いだ。

ロシアのウラジーミル・プーチン大統領が一度、メルケル首相を驚かそうとして大型の猟犬を会議の場に突然連れてきたことがある（メルケルは犬嫌いとのうわさだった）。だがメルケルはたじろぐ様子も見せず、それをネタにジョークを飛ばしさえした。その結果、逆にプーチンのほうが愚かな小心者に見えた。メルケルは、成功の階段を上る間、そして権力の座に就いてからはなおさら、精神の落ち着きと明晰な思考を保ち、どんなストレスや刺激にさらされても動じなかった。

私たちが似たような状況に置かれたら、ひょっとして「挑戦的な」行動に出てしまうかもしれない。腹を立てたり、対決姿勢を示してしまうかもしれない。自分の身を守るために戦わなければならないのだから、ある意味当然だ。しかし、本当にそうだろうか？　ほとんどの場合それはエゴにすぎず、いたずらに事態を悪化させるだけで問題の解決とはならない。メルケルは堅固で、明快で、我慢強い。ほとんどどんなことでも折り合う姿勢を示すが、大事な原則だけは譲らない。ほとんどの人が見失っている原則を。

それは「冷静」であるということ。己を律しコントロールすることだ。

メルケルがヨーロッパで最も影響力のある女性になったのは偶然ではない。なんと言ってもメルケルは、同じやり方で三期も首相の座を維持しているのだ。

偉大な哲学者であったローマ皇帝マルクス・アウレリウスも、エゴに酔わないことの重要性をよく知っていた。己の意志に反して政治の世界に引き入れられたようなものだったが、一〇代のときから死ぬまで高位の職を務め続け、国民に尽くした。常に喫緊の仕事が山積みだった。請願を聞き入れ、戦争を遂行し、法案を処理し、恩恵を与えた。アウレリウスは、過去幾多の皇帝をだめにしてきた絶対権力の罠を「皇帝化」と呼び、そこから逃れる努力をした。そのために自分に向けてこう書きつづった。「哲学が求める人間になるために闘う」のが己の義務である、と。

だからこそ、禅僧の瑞巌《ずいがん》和尚は日々、己にこう呼びかけていたのだろう。

「おい、自分よ」

――「はい」

続けて
「目を覚ましているように」

――「はい」

最後にこう言った。

「他人に惑わされないように」

――「はい、はい」


現代の私たちはさらにこう付け加えてもいいだろう。

「手にした称賛や銀行口座の預金高に惑わされないように」


私たちは、いつも冷静に闘わなくてはいけない。正気を失わせるような力が、エゴの周りで渦を巻くように働いていようとも。

歴史家のシェルビー・フットはこう言った。

「権力は人を堕落させるというが、それでは単純化しすぎている。実際には、人をバラバラにし、選択肢を狭め、催眠術をかけるのだ」

それがエゴの罠だ。頭をはっきりさせておかねばならないときにかぎって思考を曇らせる。「冷静」

でいることがその対策に、つまり権力がもたらすエゴという副作用への特効薬となる。いや、そもそも症状を防ぐ手段となるのだ。

大胆でカリスマ的な政治家ならたくさんいる。だが、メルケルはこう言ってのけたという。

「カリスマ性で……問題を解決することはできない」

メルケルは合理的だ。物事を分析する。世の権力者とは違い、己ではなく状況に目を向ける。科学者出身というバックグランドが有利に働いていることは確かだ。政治家というのはたいてい虚栄心が強く、自分のイメージを気にかける。メルケルは徹底的に客観的な人間だから、結果だけに目を向ける。あるドイツの作家がメルケルの五〇歳の誕生日に寄せた賛辞で、気取りのなさはメルケルの最大の武器だと言った。

アメリカのジャーナリスト、デイヴィッド・ハルバースタムはＮＦＬペイトリオッツのベリチック監督を評してこう言った。「この男は一番大事な仕事に集中するのはもちろん、よく見せようとする行為を軽蔑している」と。メルケルにも同じことがいえる。ベリチックやメルケルのようなリーダーは、何が大事なことかをわきまえている。二人の場合はゲームに勝つことであり、国民を前進させることだ。一方、世間の目を意識したり、よく見せようなどと考えたら、正しい決断をするのが難しくなる――他者とどのように接するかとか、誰を昇進させるかとか、どんなプレーを採用するか、どんな意見に耳を傾けるか、もめ事が起きたときどちらの肩をもつか等々。

チャーチルの時代のヨーロッパでは、求められる指導者像というのは一つだった。相互に結びつきを強めたこんにちでは、時勢に柔軟に対応できる指導者が求められる。あまりに処理すべき情報が多く、競争が多く、変化が多く、クリアな頭で判断を下していかなければ……すべてだめになってしまう。

ここであからさまに、薬物やアルコールを断つという話をしているわけではないが、それでもやはり、エゴから逃れ冷静でいるという言い回しには、どこか節制の響きがある。つまり、身を滅ぼす不要物を排除するということだ。そこで、これからは次のような態度を心がけよう。

- 自分のイメージにこだわらない
- 目下の人であれ目上の人であれ軽蔑しない
- 一流ぶった暮らしやスターのような扱いを求めない
- 怒ったり、けんかしたり、得意になったり、演技をしたり、威張ったり、他人を見下したり、自分の素晴らしさに酔ったり、自画自賛したりしない

冷静でいれば、成功の毒を打ち消すことができる。上り調子のときこそそれが大事になる。ジェームズ・バスフォード氏がこんな言葉を述べている。

「成功という毒に繰り返しさらされながら持ちこたえるには、強い体が必要だ」

そのとおり、それが今の私たちに必要なものだ。

幸せに生きたければ、社会から隠れてひっそりと生きなさい、というのは昔からいわれることだ。それは真実だ。ただし、となるとその他大勢の人にとって生き方の模範がいなくなってしまう。だが幸運にもメルケルのような人物が、皆の前でその姿を見せてくれている。なんと言ってもメルケルは、幾千万の声なき市民の代表なのだから。

メディアを見ていると信じ難いかもしれないが、世の中には質素な暮らしを送る成功者がたしかにいるのだ。そうした人々はメルケルのように、プライベートでは配偶者とごくありふれた生活を送っている（メルケルの夫は妻の最初の首相就任式を欠席した）。卑怯な策を弄したりもせず、着るものもいたって普通。成功者のほとんどは、君が聞いたことのない人々だ。好んでそういう生き方をしているのである。

だからこそ冷静でいられるし、己の仕事にまい進できる。

次に何が起きようとも、エゴは敵となる…

FOR WHAT OFTEN COMES NEXT, EGO IS THE ENEMY…

証拠は出そろっている。君の生き様が、君への審判だ。

アン・ラモット（アメリカの作家）

　君は今、山の頂にいる。成功者になってみて何を感じているだろうか？　成功を管理し維持することが、いかに厄介で手際を要するか。成功を収めたら楽になると思っていたのに、それどころかもっと大変になった。そんなふうに感じているのではないだろうか。そういう新たな困難に遭遇し身をもって学ぶべきことは、成功を維持するには自分を律する必要があるということだ。

　古代ギリシャの哲学者アリストテレスは、エゴや権力や帝国といったものに関わりがなかったわけではない。アリストテレスの有名な弟子といえばアレクサンドロス大王だが、この若者が全世界を征服できたのには、アリストテレスの教えも一役買っている。アレクサンドロスは勇敢で、聡明で、そのうえ寛大な人物だった。それでも、アリストテレスの一番重要な教えをないがしろにしていたのは明白だ。それもあったのかアレクサンドロスは、三二歳の若さで、遠い異国の地で、おそらく部下の手で殺された。暗殺者は最後、「もうたくさんだ」とつぶやいたという。

アレクサンドロスが大きな野心を抱いたのが間違いだったのではない。アレクサンドロスはただ、アリストテレスの説く「黄金の中庸」の精神をつかむことができなかったのだ。アリストテレスは、徳や美点というのはスペクトル上に並んだ点（一方の極端から他方の極端との間の点）のようなものだと再三説いた。たとえば勇気とは、一方は臆病さ、他方は無謀さというスペクトルの中間にある。寛容さとは、誰もがたたえる資質だが、放蕩と吝嗇《りんしょく》の間の、ちょうどよい点を見つけないと意味がない。どこで線を引くか（黄金の中庸を見いだすか）は難しいが、それを見つけられないと極端な方向に走る危険がある。だから優れた人間になるのは難しいのだと、アリストテレスは言った。

「いかなる場合も、中間点を見いだすのは一苦労だ。誰もが環《わ》の中心を見つけられるわけではないが、分かる人には分かるものだ」

黄金の中庸を会得すれば、エゴと欲望を操り、成功をめざすことができる。

飽くなき野心を抱くことは誰にでもできる。アクセルをぐっと踏み込めばいいだけだ。自己満足に浸ることもたやすい。アクセルから足を離せばいい。ビジネス戦略家のジム・コリンズが言う「節操なく『もっともっと』と求め続ける態度」を避けねばならないし、また、称賛からくる自己満足も避けねばならない。再びアリストテレスから引用すれば、難しいのは適切な量のプレッシャーを、適切なときに、適切な方法で、適切な期間、適切な「乗り物」で、適切な方向へかけることだ。それができなければ、悲惨な結末が待っている。

アレクサンドロスと同じく惨めな最期を遂げたナポレオンが、こんな言葉を残している。

「大きな野心を抱く者は幸福を求めていたのに……代わりに名声を得るのだ」

ナポレオンが言わんとしたのは、どんな目標もその背後には幸せになりたい、満ち足りた思いをしたいという欲求があるということだ。だがエゴに支配されると、目標を見失い、思ってもみなかった場所へ行き着く。アメリカの詩人・思想家エマソンは、ナポレオンについての有名なエッセイで、身を切る思いでこう書いた。

ナポレオンの死からわずか数年後、ヨーロッパは再び、ナポレオンがその怒濤のような快進撃を始める前の状態にほぼ戻った、と。ナポレオンの死、その努力、その欲望、その名誉は、いったい何のためだったのだろう？　何にもならなかったのだ。エマソンによれば、ナポレオンはその大砲から出る煙のように、あっという間に消えていった。

ハワード・ヒューズは、現在はある種、大胆不敵な一匹狼で通っているが、歴史の本や映画でいかに格好良く描かれようとも、けっして幸福な人生ではなかった。死ぬ間際、側近の一人が苦しむヒューズを慰めようとして言った。「あなたはなんと素晴らしい人生を送ってこられたことでしょう」と。ヒューズは首を横に振って、悲しげな、死期が迫っている者特有の正直さで答えた。

「もし君が、私と人生を取り替えたなら、一週間とたたずに元に戻してくれと言いだすよ」

ヒューズと同じ轍《てつ》を踏んではいけない。そんなふうに恥辱に満ちた、哀れみさえ誘う最期を迎えないために、何を決意しなければならないか。それはもうお分かりだろう。

正気を保つこと、欲や妄想にとりつかれないこと、常に謙虚であること、目的意識を忘れないこと、そして自分の周りの大きな世界とつながることだ。

というのも、私たちがいくら自分をコントロールしても、繁栄がいつまでも続く保証はないからだ。世界はいろんな罠を仕掛けてくるし、万物は中庸に還っていくというのが自然の摂理だ。スポーツなら、優勝した次のシーズンは苦しい戦いを強いられる。負けたチームはドラフトで選手を補強し、サラリーキャップ（チームが所属選手に支払う年俸総額の上限）のために、チームを維持するのが難しくなる。人生では、成功するほど税負担が大きくなり、社会から重い義務を課される。メディアは、過去に取り上げた相手には厳しくなる。うわさやゴシップは名声の代償だ。アルコール依存性だ、同性愛者だ、偽善者だ、いけすかないイヤな女だ――。世間は弱者を応援し、得てして成功者には冷たい。

これは純然たる人生の事実だ。否定できる人がどこにいるだろう？

権力を手にして妄想に浸ったり、間違った特権意識を抱いたりするよりも、やがて訪れる運命の変転に備えておくほうがいい。つまり逆境や困難、失敗に対する備えである。

転落がいつ始まるか、正確に分かる人などいない。もしかしたら自分で引き起こしてしまうかもしれない。一度成功を遂げたからといって、永遠に続く保証はどこにもないのだ。運命の逆転や後戻りは、人生のサイクルの一部であり、避けることはできない。

しかし、それさえも管理する方法はある。それが次のテーマだ。

Part Ⅲ

失敗

Failure

私たちは今、どんな旅にも共通の試練を経験している。失敗を犯したのかもしれないし、めざす目標が意外に困難であることを思い知ったのかもしれない。永遠に成功し続けられる人はいないし、皆が皆、最初の挑戦で成功を収められるわけでもない。誰もが道の途中で挫折や敗北を味わう。エゴはそうした事態への備えとならないばかりか、むしろその原因をつくってしまうことが多い。失敗しても立ち上がり、最後まで歩き抜くには、進路を定め直し、己を深く見つめる必要がある。哀れみはいらない。自分に対しても、他人に対しても、哀れみは求めるな。必要なのはただ、目的意識をもち、心の平静を保ち、粘り強く取り組むことだ。

TO WHATEVER FAILURE AND CHALLENGES YOU WILL FACE, EGO IS THE ENEMY ...

どんな失敗や困難に遭遇しようとも、エゴは敵となる…

私たちが富をひけらかし、貧しさを隠すのは、人間には悲しみより喜びに共感しやすいところがあるからだ。己の窮状を世間に知られずにすむすべはなく、また窮状を知った人々が、自分の苦しみの半分も分かってくれないと感じることほど、やるせなく惨めなことはない。

アダム・スミス（イギリスの経済学者・哲学者）

人生の前半、キャサリン・グラハムは何不自由ない暮らしを送った。

父親のユージン・マイヤーは金融の才があり、株式市場で莫大な富を築いた。母親は美しく聡明で、社交界の花形だった。子供時代、キャサリンは何においても最高のものを享受した。最高の学校、最高の教師、大きな屋敷、家に帰れば召使いが出迎えてくれる何不自由のない暮らし。

一九三三年、父親がワシントンポスト紙を買収した。同紙は当時、苦境に陥りながらも一目置かれた存在で、買収を機に飛躍を遂げ始めた。一家の子供たちの中で唯一、本気で関心を示していたキャサリンが同紙を受け継ぐことになった。キャサリンは大人になると、父親と同じく聡明な夫フィリップ・グラハムに経営を委ねた。

キャサリン・グラハムはハワード・ヒューズのような人間とは違い、家の財産を食いつぶしたりはしなかった。それにまた、金持ちのお嬢様という境遇に安穏として楽な道を歩むこともなかった。とはいえ、気ままな人生だったことは確かだ。「夫の、あるいは父親のあとについていくだけで満足していた」と、本人が述懐している。

そのとき人生に転調が起きた。夫フィリップにおかしな言動が目立ち始める。大酒を飲む。無謀な事業判断をし、度を過ぎた買い物をする。浮気をする。知り合いの前で妻キャサリンに恥をかかせる。金持ちにままあることではある。やがて重度の神経衰弱に陥り、キャサリンの献身的な看病にもかかわらず、妻が隣室でうたた寝をしている間に猟銃で自殺した。

一九六三年、四六歳のキャサリン・グラハムは三児の母親で、仕事の経験もないのに、ワシントンポストカンパニーの経営を指揮することになった。社員数千人の大企業だ。キャサリンは温室育ちなうえに臆病で、ナイーブな世間知らずだった。

衝撃的とはいえ、この出来事は身の破滅というほどではなかった。キャサリンは裕福で、白人で、特権階級だったのだから。それでもやはり、これはキャサリンの人生計画にはないことだった。ここがポイントだ。失敗や苦境とはあくまで相対的で、一人ひとりに特有のものである。ほとんど誰もが、人生でそうした経験をする。計画は狂い、粉々に打ち砕かれる。そんな経験が一度ですむこともあれば、何度も味わわされることもある。

作家で経済評論家のジョージ・グッドマンが以前こんな例え話をした。

「素晴らしい舞踏会にいて、グラスというグラスにシャンパンが輝き、心地よく穏やかな笑い声が夏の空気に漂う。と突然、馬に乗った黒装束の男たちがテラスのドアを破って乱入し、復讐を遂げ、生き残った者たちは逃げまどう。早く帰っていれば助かるのに、舞踏会があまりに華麗なので、まだ時間があるうちは誰も帰りたがらないのだ。だから皆、ひっきりなしに尋ねている。『今、何時？』と。だが、時計にはどれも針がない」

グッドマンはここで経済危機について話しているのだが、誰もが人生で一度ならず陥る状況について話していたとしてもおかしくない。万事順調に進んでいる。何か大きな目標をかなえようとしているところかもしれないし、努力の成果を享受しているところかもしれない。だがどんなときでも、運命が邪魔をすることがある。

陶酔したエゴを成功というなら、失敗とは、その酔いを覚ますエゴの痛烈な一撃といえるのではないか。単なるつまずきが転落へ、小さなトラブルが重大な綻《ほころ》びへと変わり、身を滅ぼすのだ。エゴとはしょせん輝かしい成功には付き物の必要悪だと考え、放っておくと、ある日つまずいて致命傷を負いかねない。

エゴが引き起こす問題にはいろんな呼び名がある。妨害、不公平、苦境、試練、悲劇。呼び名は何でもいいが、試練であることに変わりはない。そんなものを好きな人はいないし、なかにはそれで沈んでしまう人もいる。一方で、それを切り抜ける胆力の持ち主もいるようだ。いずれにしても、一人ひとりが耐え抜かねばならない試練である。

この運命については、すでに五〇〇〇年前に『ギルガメシュ叙事詩』の若き王についてこう語られている。

その者は己の知らない戦いに直面するだろう
その者は己の知らない道に乗りだすだろう

これがキャサリン・グラハムの身に起きたことだ。ワシントンポスト紙の経営を引き継いだことは、その後二〇年近く続く厄介な苦難の道の始まりにすぎなかったのだ。

アメリカの政治哲学者で思想家のトマス・ペインは、かつてジョージ・ワシントンについてこう書いた。

「生来、堅固な精神の持ち主がいる。ささいなことでは、その秘密は分からないのだが、何かのときには、心の中に不屈という名の小箱を備えていることが明らかになる」

キャサリンもそうした小箱を備えていたようだ。

キャサリンが経営者の地位に慣れるにつれ、同紙の保守的な理事会がいつも障害となっていることに気づいた。理事会は尊大で、リスクを避けたがり、会社の成長を妨げていた。先へ進むためには、今までのように言われたことにただ従うのではなく、自ら主導権をとらなければならない。いろいろ考えた末、新しい編集長が必要だと判断した。理事会の反対にもかかわらず、キャサリンは理事会の言いなりの古参の編集長に代えて、無名の若い新人を起用した。事は簡単に運んだ。

次の展開はそう簡単にはいかなかった。同社が株式を公開する準備を進めているころ、ポスト紙は、漏洩《ろうえい》した政府文書を一式入手した。その公開を禁止する裁判所命令も出ていたなか、掲載してよいかどうか、編集者たちはキャサリンに尋ねた。キャサリンは社内弁護士に相談し、理事会にも相談した。誰もが掲載に反対した。同社の株価が下落し、何年も法廷闘争が続く恐れがあったからだ。思い悩みながらも、キャサリンは掲載を決断する。前代未聞の決断だった。

それからまもなくポスト紙は、ニクソン大統領陣営による民主党全国委員会本部への侵入と盗聴器設置（いわゆるウォーターゲート事件）について、匿名の情報源を頼りに調査を進めたため、ホワイトハウスやワシントンのエリート権力者たちとの関係に終止符が打たれるかと思われた（ポスト紙所有のテレビ局に必要な政府の許可まで危ぶまれた）。ニクソンの側近で、アメリカ司法長官だったジョン・ミッチェルは、キャサリンの反応は過剰であり、この小娘は痛い目に遭うだろうと警告した。

別の側近は、ホワイトハウスが目下、ポスト紙をどうやってとっちめるか考えているところだと豪語した。キャサリンの立場になってみよう。世界最強の権力機関が公然と、「ポスト紙を一番痛めつける方法」を練っているのだ。

何より困ったことに、ポスト紙の株価はお世辞にも順調とはいえず、売買は低調だった。一九七四年になると、一人の投資家が、同社の株式を買いあさり始めた。理事会はおびえた。敵対的買収の可能性もある。キャサリンが社を代表してその投資家と会って話をつけ、その場は事なきを得た。翌年には同紙の印刷組合が、悪意に満ちたストライキを延々と続けた。あるときなど、組合員らは「分からず屋のキャサリン、フィル（夫）に撃たれる」と書いたそろいのTシャツを着て騒いだ。そうした卑劣な戦術にもかかわらず、あるいはだからこそ、キャサリンはストライキと闘うことを決めた。組合側もやり返した。ある日、朝の四時に大慌ての電話がかかってきた。組合が会社の機械設備を使えなくし、何の落ち度もない一人の記者をたたきのめし、さらに印刷機の一台に火をつけたというのだ。通常、印刷業者がストを起こした場合、競合相手であっても同業のよしみで自社の印刷設備を貸すものだが、キャサリンの競合相手は皆、協力を拒んだ。その結果、ポスト紙は広告収入で一日三〇万ドルの損失を被った。

それから、大株主が次々とワシントンポストカンパニーの株を売却し始める。同社の将来性に疑問が生じたというのが表向きの理由だった。ところでキャサリンは、一九七四年の例の株買いあさり事件以来、問題の投資家と知己となり、たびたび相談に乗ってもらっていた。今回もその投資家の勧めで、大胆な決断を下す。最良の選択肢は同社の資金をふんだんに使って、公開市場で自社の株式を買い戻すことである、と。危険な賭けであり、当時そんなことをする者はほとんどいなかった。

ここに挙げた問題の数々は、読んでいるだけでうんざりするし、まして自分が乗り切れるなんて思いもしない。ところがキャサリンは、その忍耐力によって、誰も予想できなかったような大逆転の勝利をつかんだのだ。

キャサリンが掲載を決めたリーク文書は「ペンタゴンペーパーズ」と呼ばれるようになり、ジャーナリズムの歴史上最も重要な出来事の一つとなった。ニクソン政権を激怒させた同紙のウォーターゲート事件の報道は、アメリカの歴史を変え、政権全体を崩壊させた。同紙にはピュリッツァー賞も贈られた。ちなみに、当初は敵かと思われていた例の投資家は、実は若き日のウォーレン・バフェットだった。バフェットはその後、キャサリンの事業面のメンターとなり、同社の偉大な擁護者にして〝執事〟として活躍した（キャサリン家の会社にバフェットが投資したわずかな金額は、いつしか、価値にして数億ドル相当に膨らんだ）。キャサリンは組合との交渉もうまく進め、やがてストは終結。ワシントンにおける最大のライバルであり、キャサリンとの協力をずっと拒んでいた新聞、スター紙は突然倒産し、ポスト紙に買収された。株式を買い戻したキャサリンの行為は、ビジネスの常識はもちろん市場の判断にも反していたが、同社はおかげで数十億ドルの利益を手にしたのだ。

今の時点から見ると、キャサリンが耐え忍んだ長い苦闘、犯した失敗、たびたび襲ってきた挫折、危機、攻撃はすべて、どこかへつながっていたように思える。一九七一年にポスト紙の株式に一ドルを投資していれば、キャサリンが退任した一九九三年の時点には八九ドルに増えていた。業界平均の一四ドル、S&P五〇〇平均の五ドルと比べてみてほしい。このように、キャサリンは同世代で最も成功した女性CEOであり、フォーチュン五〇〇企業を経営した初の女性であるばかりか、史上最も成功したCEOだと言ってよいだろう。

裕福な家に生まれ育った彼女にとって、最初の一五年ほどはまさしく試練といえるものだった。実際、苦難に次ぐ苦難に直面した。対処の仕方が分からない、少なくともキャサリンにはそう感じる苦難ばかり。こんな厄介な事業は売り払って、ありあまる資産で楽に暮らしたい、そう思ったときもあったはずだ。

夫の自殺はキャサリンのせいではないのに、事業を一人で切り盛りする羽目に陥った。ウォーターゲート事件もペンタゴンペーパーも、頼んだわけでもないのに向こうから勝手にやってきて、その一触即発の事態を乗り切らねばならなかった。一九八〇年代、企業買収や合併熱で世間が大騒ぎしているときも、キャサリンはその流行に乗らず距離を置いた。ウォール街からは弱腰と陰口をたたかれながらも、己と自分の会社のことに専念した。楽な道を選ぶ機会は幾度もあったが、そうはしなかった。いついかなる瞬間にも、失敗や挫折が訪れる可能性はある。前出のアメリカンフットボールの名将ビル・ウォルシュが言うように、「どんな場合も、勝利への道のりでは『失敗』という場所を通り抜けることになる」のだ。再び成功を味わうためには、今この瞬間の（あるいはここ数年の）苦境になぜ陥ったのかを理解しなくてはいけない。何がいけなかったのか、なぜこんなことになったのか？先へ進むためには、現状に対処しなければならない。現状を受け入れたうえで、それを押し分けて進むのだ。

キャサリンはほとんど一人でこれを行った。暗闇の中を手探りで進みながら、予想もしなかった過酷な状況を打開しようともがいた。ほとんど何もかも正しく対処しても、いまだ泥沼にはまって抜け出せないという見本だ。

失敗とは、しょせんエゴイストの自業自得であると考えている人が多い。ニクソンがその好例だ。ではキャサリンは？　実際のところ、たしかに自ら身の破滅を招く者は多いが、善良な人々もしょっちゅう失敗するのだ（あるいは、善良でない人々によって失敗させられるともいえる）。すでに多くの苦難をかいくぐってきた人々に、また新たな苦難が降りかかる。人生とは不公平なものなのだ。

エゴは次のような見方が大好きだ。つまり、何かが「公平」であるかどうかという発想である。心理学ではこれを「自己愛損傷」と呼ぶ。まったく公平で客観的な出来事を個人的に受け止めてしまうことだ。そうなってしまうのは、自我が脆く、いつも人生の成り行きに流されているからだ。君が今陥っている苦境が、君のせいであろうとなかろうと関係ない。どちらにしろ、君は今すぐ対処しなければならないのだから。キャサリンはエゴのせいで失敗したわけではないが、もしもキャサリンがエゴにとりつかれていたら、失敗から立ち上がり再び成功を手にすることはかなわなかったはずだ。こうもいえる。失敗とはいつも不意に訪れるものだが、ほとんどの人はエゴのせいでいつまでもそこから抜け出せずにいる、と。

こうした苦難の道のりでキャサリンが必要としたものは何だろう？　尊大に振る舞うことではない。空威張りすることでもない。必要なのは、強さだった。自信と、耐え抜く意志だった。何が正しくて何が間違っているかという感覚。目的意識（「自分」ではなく「目的」に意識を向ける）。一族の遺産を守ること。ポスト紙を守ること。己の務めを果たすこと。

君はどうだろう？　物事がうまくいかなくなったとき、これまで頼りにしてきたエゴが本性を現して、歩みの邪魔をしないだろうか。それともエゴを抑えて前に進み続けられるだろうか。

苦難に直面したとき、とりわけ世間から冷たい風にさらされたときに（疑いの目を向けられる、スキャンダル　醜聞、損失）、私たちの友人であるエゴがその正体をさらけだす。

そうしたネガティブな反応を利用して、エゴはこう言う。お前にできないのは分かっていた。なぜ挑戦などしたのだ？　そして、こう言い張る。こんなことはどうでもいい、する価値のないことだ。不公平じゃないか。私のせいじゃない、誰かほかのやつの問題だ。適当な口実をつくって手を引いたらどうだ？　こんなことを我慢する必要はない——こんなふうにエゴはささやきかけてくる。お前は悪くないのだ、と。

こうして、すでに傷を負ったところへ、さらに自らの手で傷を上塗りすることになる。

古代ギリシャの哲学者エピクロスの言葉を引用しよう。


ナルシストの気《け》がある者は「囲壁《いへき》のない街」に住んでいるようなものだ。脆弱な自我は絶えず脅かされている。自分だけの妄想や成し遂げた功績は、身を守る盾とはならない。危なっかしい綱渡りを脅かすサインを感知し（自ら対策を講じる）、特別な感受性を鍛えていないかぎりは。


惨めな、哀れな生き方だ。

ウォルシュが着任する前年、フォーティナイナーズの成績は二勝一四敗だった。そしてウォルシュがヘッドコーチ兼ゼネラルマネージャーとして指揮を執った一年目、チームの成績は……同じく二勝一四敗。どれだけがっくりくるか想像できるだろうか？　就任最初の年、チームを変えようと手を尽くしたのに、前任の無能なコーチと同じ成績に終わってしまった。たいていの人はそんなふうに考えるだろう。そして、ほかの人を責め始める。

しかしウォルシュは「うまくいかない原因はほかのところに求めねばならない」ことに気づいていた。ウォルシュにとって大事なことは、ゲームのプレーの仕方であり、組織内で適切な決定や変革が行われているかどうかだった。二シーズン後、チームはスーパーボウルに勝利し、その後もさらに何度か優勝を重ねた。どん底からのこうした勝利は長い道のりに感じられたにちがいない。だからこそ最後までやり抜く忍耐力が必要なのだ。

ゲーテが看破したように、重大な失敗とは「己を実際よりも偉いと思うこと。己を真の価値より低く見積もること」なのだ。

一九七〇年代末から八〇年代にかけてキャサリンが行った自社株の買い戻しがよい事例かもしれない。自社株の買い戻しは物議を醸すものだ。普通は、失速したり成長が鈍っている企業が行うものだからだ。買い戻しによって、その会社のCEOはかなり異例のメッセージを送ることになる。つまりキャサリンは、市場が間違っている、と言ったのだ。市場はわが社を誤って評価しているし、わが社がどこへ向かっているのかも分かっていない。だから会社の貴重な資本を投じて、市場の間違いを証明しよう、というわけだ。

往々にして、不誠実で自己中心的なCEOが自社株を買い戻すのは、妄想にとらわれているからだ。それとも、人為的に株価をつり上げ水増ししようとしているか。反対に、臆病で軟弱なCEOでは自社に賭けることとさえしない。キャサリンの場合はきちんと価値判断を行った。バフェットの助けを借りて、市場が同社の真の資産価値を理解していないことを、客観的に見抜いたのだ。会社の評判に傷がついたこと、学習曲線、そういった要素がすべて絡み合って株価が押し下げられていることを、キャサリンは理解していた。自身の個人財産を減らすことには甘んじるとして、これは同社にとって大変なチャンスだった。短期間でキャサリンは同社の株式の四〇％近くを買い取った。それでも、のちにいくらに膨れ上がったかを考えると実に安い買い物だ。キャサリンが一株約二〇ドルで購入した株式は、それから一〇年足らずで一株三〇〇ドルを超えていた。

ウォルシュとキャサリンがしていたのは、己の内なる基準に忠実に従うことだった。それによって二人は自らの進捗を評価し、判断することができた。ところが、普通の人は外部に基準を求めるので、失敗や弱さの兆候にいとも簡単に惑わされてしまう。

内なる基準こそ、困難を乗り越える道しるべとなるものだ。

第一志望の大学には入れないかもしれない。希望したプロジェクトのメンバーに選ばれないかもしれないし、昇進の候補から外されるかもしれない。仕事でも、夢のマイホームでも、ここ一番の大勝負でも、誰かに先を越されるかもしれない。それは明日起こるかもしれないし、今から二五年先に起こるかもしれない。二分間しか続かないかもしれないし、一〇年続くかもしれない。誰もが失敗と苦境を経験し、重力や平均化の法則に従う。ということはつまり、君も、私も、例外ではないということだ。

ギリシャの哲学者・著述家であるプルタルコスが見事に言い表している。

「未来は、あらゆる未知の危険を伴って、私たち一人ひとりに迫りくる」

苦境から抜け出す道はただ一つ、くぐり抜けることだ。

謙虚で強い人々は、エゴに凝り固まった人々が抱える問題とは無縁だ。愚痴も少ないし、自暴自棄になることもほとんどない。その代わりストイックに、いやむしろ陽気に快活に、立ち直りを遂げる。憐れみは必要ない。アイデンティティが脅かされることもない。いつも他人の称賛を得なくてもやっていけるのだ。

これこそ私たちがめざす境地であり、単なる成功よりずっと貴いものだ。大事なのは、人生で出合う苦境に対処できる力をつけることである。

そうやってどんな苦境でも乗り切っていこう。

ALIVE TIME OR DEAD TIME?

生きた時間を生きるか、死んだ時間を生きるか?

Vivre sans temps mort（時間を無駄にすることなく生きろ）

パリ市民の政治スローガン

アメリカの黒人解放運動指導者マルコムXはもともと犯罪者だった。当時は「マルコムX」ではなく「デトロイトレッド（赤髪）」と呼ばれ、ナンバー賭博（違法の数当て賭博）を取り仕切っていた。薬物を売った。ポン引きをやった。そのうち、凶器を持って強盗を働くようになった。押し込み団を結成し、威圧感と剛胆さの合わせ技で一味を牛耳った。殺すことも死ぬことも平気という顔をしていれば、皆言うことを聞いた。

その後とうとう、盗んだ高級時計を売り飛ばそうとしたところを逮捕された。逮捕時、彼は銃を所持していた。ただし名誉のために言い添えれば、警官と争うような素振りは一切見せなかった。自宅のアパートからは、宝石類や毛皮、大量の銃器、それに押し込みの道具一式が見つかった。

彼には一〇年の刑が宣告された。一九四六年二月のことだ。弱冠二一歳だった。

当時のアメリカではひどい人種差別がまかり通り、裁判でも不当な判決が当たり前に下されていたが、その事実を考慮しても彼は有罪だ。刑務所に入って当然だった。そのまま犯罪まみれの人生をエスカレートさせていったら、ほかの誰かを傷つけ、ひょっとしたら殺していたかもしれないのだ。

自分の行いのせいで恐ろしく長い禁固判決を受け、しかもそれが正しく裁かれたうえでの有罪判決なのだとしたら、どこかで道を誤ったということだ。自分自身の道に反しただけでなく、社会や倫理の基本原則にも反してしまった。それが彼の陥った状況だ。

こうして彼は刑務所に入った。識別番号をつけられ、自由を奪われ、およそ一〇年間、鉄格子の中で暮らすのだ。

彼は二つの選択肢を突きつけられた。作家のロバート・グリーン（それから六〇年後に著書が爆発的な人気を呼び、連邦刑務所の多くで禁書となった人物）が「生きた時間か死んだ時間か」と呼んだシナリオだ。最終的に仮釈放されるまでの七年間、彼はいったい何をし、どんなふうに時間を使ったのだろう？

グリーンによれば、私たちの人生には二種類の時間がある。「死んだ時間」とは、受け身でただ待っている消極的な時間であり、「生きた時間」とは、自ら学び、行動し、一秒一秒を使い切っている時間である。失敗するたび、あるいは自分から選んだわけではない、自分の力ではどうにもできない事態に陥るたび、この選択を迫られる。生きた時間か、死んだ時間か。

君ならどちらを選ぶ？

マルコムXは生きた時間を選んだ。だから学び始めた。信仰を探求した。本の読み方を覚えた。刑務所図書館から鉛筆と辞書一冊を借りると、最初から最後まで読み尽くすだけでなく、表表紙から裏表紙まで一語一句すべて書き写した。その存在さえ知らなかった言葉や文章を脳に刻み込んでいった。

マルコムXはのちに語った。

「刑務所に入ってから出るまで、空いた時間があれば図書館で本を読んでいたし、でなければ監房の寝台で読んでいた」

マルコムXは歴史の本を読み、社会学の本を読み、宗教の本を読み、古典を読み、カントやスピノザといった哲学者の本を読んだ。のちに記者から「あなたの出身校は？」と尋ねられたとき、マルコムXは一言で答えた。「本である」。刑務所はマルコムXの大学だった。マルコムXは本の世界に没頭し、知識を吸収することによって、監禁という過酷な現実を乗り越えた。自分の意志に反して拘束されているということさえ忘れて、年月が過ぎていった、とマルコムXは後に述懐した。

「それまでの人生で、あんなふうに心から自由になれたことは一度もなかった」

マルコムXが刑務所を出てから何をしたかは周知のとおりだが、どうして刑務所でそんなことが可能になったのかは十分理解されていない。現実を受け入れ、謙虚な気持ちで耐え抜いたからこそ、変身を遂げることができたのだ。それから、これが歴史上ありふれたことだということも知られていない。多くの偉人たちが、投獄や追放、市場の暴落や不況、徴兵、さらにはナチス強制収容所への送還といった、一見とんでもない事態に見舞われながら、その態度と取り組み方一つで、そうした事態を燃料に変え、誰にもまねのできない偉業を成し遂げているのだ。

フランシス・スコット・キーは一八一二年の米英戦争で、捕虜交換に際して船上に捕われている間に一編の詩を書き、それがのちにアメリカ合衆国の国歌に採用された。精神科医・心理学者のヴィクトール・フランクルはナチスの強制収容所に三度収容されるという過酷な体験を通じて、その意味や苦しみに関する心理学的洞察を磨いた。

とはいえ、そうしたチャンスがいつもこれほど深刻な状況で訪れるわけではない。ジェームズ・ボンドの生みの親として知られる作家のイアン・フレミングは、ベッドで療養中、医師の指示でタイプライターの使用を禁じられていた。無理をしてまた新しいボンドの小説を書くのではないかと心配されたからだ。ならばと、フレミングは手書きで子供向けの童話『チキ・チキ・バン・バン』を書き上げた。ウォルト・ディズニーは錆びた釘を踏んづけて臥せっている間に、漫画家《カートゥーニスト》になる決意を固めた。

そうした瞬間には、憤ったり悩んだり落ち込んだり悲嘆に暮れたりするほうがずっと楽だろう。不公平な事態や運命の気まぐれに弄ばれたときは、わめいたり、やり返したり、抵抗したりするのが普通の反応だ。そうした感情には君も覚えがあるはずだ。「こんなのは嫌だ。私はこうしたいんだ」。でも、そんなときこそ顔を上げ、視野を広げてみよう。

それまで先延ばしにしてきたことを考えてみるのだ。取り組むことを避けてきた事柄。あまりに大きすぎて手を出してこなかった全体的な問題。そうした積年の課題に取り組むチャンスととらえることで、「死んだ時間」が生き返る。

よくいわれるようにこの瞬間が人生そのものであるわけではない。だが、人生のなかの一瞬であるのは確かだ。ならば、君はそれをどう使うだろうか？

マルコムXも、自分を刑務所へ運んできたそれまでの人生に逆戻りしてもおかしくなかった。時間が「死んでしまう」のは、怠惰や自己満足のせいだけではない。マルコムXは刑務所での年月を使って、もっとすごい犯罪者になろうと人脈を強化したり、次の計画を練ったりすることもできたが、それでもやはり時間は死んだままだったろう。本人は生きている気がしたかもしれないが、実際はじわじわと自分を殺すことになっただろう。

「刑務所では多くの者が真剣に考えだす。ほかにすることがないからだ」と、ロバート・グリーンは言った。だが悲しいかな、刑務所では文字どおり、また比喩的な意味でも、堕落者、敗北者、ろくでなしといった連中のほうがはるかに多く生まれる。囚人には考える時間がたっぷりあり、考える以外にすることがないのは確かだが、問題は何を考えるかであり、それによってかえって悪化することも多いのだ。

私たちが失敗したり困難に陥ったときもたいていこんなふうになる。己を省みることができないため、せっかくのエネルギーをまた従来の行動パターンに注いでしまい、同じ問題を延々と繰り返す。

これはさまざまな形で現れる。ぼんやりと将来を夢見る。復讐をたくらむ。気晴らしや娯楽に逃げ込む。己の選択には己の人格が反映されているという事実から目を背ける。要するに何でもこの調子だ。

ここでもし、こう言ってみたらどうだろうか。

「これはチャンスだ。目標の達成に活用できる。死んだ時間にはさせないぞ」

時間が死んでしまうのは、エゴに支配されたときだ。でもこれからは、私たちは生きた時間を過ごすことができる。

君が今、何をしているのかは分からない。刑務所に入っていないことを祈る（もしかしたらそんなふうに感じているかもしれないが）。高校の補習授業を受けているのか、何らかの足止めを食わされているのか、配偶者と試験的に別居しているのか、スムージーを作りながらお金を貯めているのか、うんざりする契約期間や外国駐在が終わるのをじっと待っているのか。その状況は君が一人で招いたものかもしれないし、単なる不運なのかもしれない。

人生では誰のもとにも死んだ時間が訪れる。その到来は、自分で決められることではない。だが、それをどう使うかは、自分で決められる。

黒人指導者ブッカー・T・ワシントンがこう言ったのは有名だ。

「自分のいるところでバケツを下ろせ」

つまり、遠くに求めるのではなく、身の回りにあるものを生かそう。意固地になって状況をさらに悪化させないように。

己の務めを果たせば十分だ

正しい行いをしていれば、それが世に認められるかどうかは、どうでもよいことだ。

ゲーテ（ドイツの詩人）

東ローマ帝国（ビザンツ帝国）のベリサリウスは、史上最高の将軍に数えられながら、ほとんど無名の存在である。ベリサリウスの名前が歴史の霧にかすみ、忘れ去られていることに比べれば、やはり正当に評価されているとは言い難いマーシャル将軍でさえ、なかなかの有名人に思えてくる。少なくとも「マーシャルプラン」の中に自分の名前を残しているのだ。

東ローマ帝国皇帝ユスティニアヌス一世の下、ローマにおける最高位の司令官としてベリサリウスは少なくとも三度にわたり、西洋文明を危機から救った。ローマが崩壊し、帝国の中心がコンスタンティノープルへ移るなか、ベリサリウスは暗黒時代のキリスト教世界において唯一の光明といえる存在だった。

ベリサリウスはダラ、カルタゴ、ナポリ、シチリア、コンスタンティノープルで輝かしい勝利を重ねた。コンスタンティノープルで群衆の騒ぎが暴徒化し、ユスティニアヌス帝が退位を考えたときも、ベリサリウスは一握りの護衛だけを連れて数万の群衆と対峙し、王座を救った。さらに長年奪われていた帝国の広大な領土を、不十分な軍勢と乏しい資源にもかかわらず奪還した。そのうえ、異民族に奪われ荒らされていたローマを、初めて奪回し防衛した。まだ四〇歳にもならない若さで。

その見返りは？　ベリサリウスに公的な褒賞は与えられなかった。それどころか、猜疑心《さいぎしん》の強い主君ユスティニアヌス帝にたびたび謀反の疑いをかけられた。ベリサリウスが収めた勝利や払った犠牲は、馬鹿げた条約や二枚舌によって無に帰した。ベリサリウスに仕えた歴史家プロコピオスは、あろうことかユスティニアヌス帝に買収され、ベリサリウスの人物像とその経歴をおとしめ、歪めてしまった。ベリサリウスはのちに指揮官の任を解かれた。ベリサリウスに残った肩書きは、あからさまに侮辱的な、「王立厩舎付き指揮官」だった。なんたることか！　ベリサリウスはその輝かしいキャリアの末に財産をはく奪され、伝承によれば、盲目となって路上で物乞いを強いられたという。

さまざまな歴史家、学者、芸術家たちが、長い間、この仕打ちを嘆き、さまざまに論じてきた。公平な目をもつ者なら誰でも、この偉大な傑人に下された、愚かで恩知らずで不当な処置に憤りを覚える。

だが、こんな運命に一言も不平を口にしなかった人物が一人だけいる。ベリサリウス自身だ。当時も、人生の最期にも、プライベートな手紙の中でさえ、一言も不平を漏らさなかった。

皮肉にも、ベリサリウスが王位を奪おうと思えばできた場面は幾度もあった。ベリサリウスがそんな誘惑に駆られたことは一度もなかったようだが。ユスティニアヌス帝は絶対的権力の悪徳にすっかり染まっていた。支配欲、パラノイア（妄想症）、利己主義、強欲。一方、ベリサリウスにその形跡はほとんど見られない。

ベリサリウスにしてみれば、己の務めを、神聖な義務と心得ている務めを、ただ果たしているだけだった。そして、自分がその務めを立派に果たしていることが分かっていた。正しい行いをしていると確信していたのだ。それで十分だった。

人生ではときに、何もかも正しいことをしているのに（ひょっとしたら完璧に）、さんざんな目に遭うことがある。失敗、軽視、嫉妬、ときには世間から見放されて孤立したり——。

走るための燃料は人それぞれだが、ある種の人々は、そんな状況になったら打ちのめされてしまう。つまりエゴに支配された人は、常に一〇〇点満点の評価でないと気がすまないのだ。これは危険な考え方だ。というのも、人が何かに取り組むとき、本の執筆であれビジネスであれ、どこかの地点で物事は自分の手を離れ、世間という領域に入るからだ。そこでほかの人々によって判断され、評価され、利用される。もはや自分でコントロールできるものではなくなり、他人の手に委ねられる。

ベリサリウスは戦闘に勝利することができた。兵士を指揮することもできた。己の倫理的価値観を決めることもできた。だが、自分の働きが評価されるかどうか、不審感を抱かれないかどうかは、自分でどうにかできる事柄ではなかった。強大な独裁者に気に入られるかどうかも同じだ。

この現実は、どんな人のどんな人生にも当てはまるように思う。ベリサリウスの図抜けた点は、この現実を受け入れたことだ。この男にとっては、正しい行いをすれば十分だった。祖国と神に尽くし、己の務めを忠実に果たすこと、大事なのはそれだけだった。どんな苦境も耐え抜くことができたし、報酬や見返りというのはあくまでおまけだと考えた。

この考え方は正しかった。ベリサリウスはほとんど、行った善意に対して褒賞を得られないどころか、罰せられさえしたからだ。それを聞くと「えっ？　まさか」と思う。もし自分や知り合いの身にそんなことが起きたら、憤りを感じるだろう。ベリサリウスにほかの道はなかったのだろうか？　むしろ正しくない道を歩むべきだったのだろうか？

私たちは皆、それぞれの目標を追いかける過程で、この試練に直面する。たとえ自分の手柄にならないかもしれなくても、頑張れるだろうか？　結果が保証されていなくても、時間とエネルギーを注ぐことができるだろうか？　正しい行いをしようと心に決めていれば、それでもやろうという気になれる。エゴにとらわれていたら、とても無理だ。

私たちがどれだけ汗を流して頑張っても、その見返り（称賛、評価、褒賞）はほとんどコントロールできない。ならば、どうしたらよいのだろう？　どうせ報われるかどうか分からないのなら、親切にもしないし、努力もしないし、何も生みださなくてよい？　ちょっと待ってほしい。

次のような人々がいたことを考えてみよう。志半ばで倒れた活動家。なすべき仕事の半ばで暗殺された指導者。時代の先を行きすぎて受け入れられなかった発明家。社会の通常の基準からすれば、こうした人々は努力が報われなかったということになる。そもそもそんなことをしなければよかったのだろうか？

それでも、エゴを抱えた私たち人間は、決まって、まさにそうした挑戦をしようとする。

それが私たちの生きる基本姿勢だとして、ではどうやって困難な時期を乗り越えればよいだろうか？　もしも君が、時代の先を行きすぎていたら？　もしも市場が、でたらめな噂に流されていたら？　君の上司や顧客が、理解を示してくれなかったら？

それなら、しっかりと仕事をこなせば十分だ、と考えればいい。要するに、結果にはこだわらないほうがいい。己の基準を満たせば、誇りと自信で満たされる。ひたむきに努力すれば十分だ。結果はよかろうが悪かろうが構うものか。

だがエゴにとりつかれた人は、それでは満たされない。認められなければいけない。報酬を受け取らねばいけない。特に厄介なのは、しばしばそれが手に入ってしまうことだ。称賛され、報酬を支払われ、この二つはいつもセットだと思い始める。そして当てのない期待を抱いたあとには、必ず副作用に襲われる。

アレクサンドロス大王と、古代ギリシャのキニク学派の代表的哲学者ディオゲネスとの、ちょっと変わった邂逅《かいこう》の逸話がある。伝えられるところによると、ディオゲネスが横になって日光浴を楽しんでいたところ、アレクサンドロス大王がやって来て、上からかがみ込むように話しかけた。そして、世界最強の権力者たる彼が、この見るも哀れな貧しげな男に何かしてやれることはないかと尋ねた。ディオゲネスが望めば何でもかなえられただろう。だがディオゲネスの返事は驚くべきものだった。

「どうか日光を遮るのをやめてください」

二〇〇〇年を経た現代でも、アレクサンドロス大王がみぞおちに感じたであろう痛みを想像することができる。この男はいつも己の偉大さを証明したがっていたのだ。作家のロバート・ルイス・スティーヴンソンはこの出会いについてこう書いている。

「困難を排して、険しい山をよじ登るのは大変なことだ。やっと山頂に着いたと思ったら、己の偉業と人間性は関係がないことを思い知る」

さあ、今のうちに心の準備をしておこう。必ず起きるのだから。君の両親は感心してくれないかもしれない。恋人は関心を示してくれないかもしれない。投資家は君の実績に目を向けてくれないかもしれない。聴衆は拍手を送ってくれないかもしれない。それでも、前を向いて歩み続けなければいけない。そんなものを燃料にしてはいけないのだ。

ベリサリウスの人生には最後にもう一幕あった。それまでの罪状について無罪とされ、名誉を回復された。髪も白くなった老境にあって、再び指揮官として危機を迎えていた帝国を救った。それでフィナーレとなればよかったが、そうはいかなかった。人生はおとぎ話ではない。またしても謀反を企んだ嫌疑をかけられた（もちろん事実ではない）。アメリカの詩人ロングフェローの有名な詩によれば、この哀れな将軍は人生の終末には困窮し、体も不自由だったという。だが、ロングフェローは力強い言葉でこの詩を締めくくった。

これもまた耐えられる
私はそれでも、ベリサリウスなのだから！

君も不当な評価を受けるだろう。妨害されるだろう。予想外の敗北を味わうだろう。期待は裏切られるだろう。大事なものを失うだろう。失敗するだろう。
それでも歩みを止めないためには、そして自分自身と己の仕事に誇りをもつには、どうすればよいだろう？　ジョン・ウッデンが選手たちに送ったアドバイスは、「成功の定義を変えろ」だった。ウッデンはこう言った。
「成功とは心の平穏のことだ。理想の自分に近づこうとできるだけの努力はした、と心から納得できたときに、その境地に達することができる」

マルクス・アウレリウスは自分をこう戒めていた。

「野心とは、自分の幸福を他人の言動と結びつけることだ……健全な心とは自分の幸福を自分自身の行為と結びつけることだ」

自分の務めを果たそう。しっかりとやりきるのだ。そうしたらあとは「運を天に任せる」。必要なのはそれだけだ。

称賛と報酬――この二つは余計なだけだ。はねつけてしまおう。ほかの人たちはともかく、私たちには要らない。

ジョン・ケネディ・トゥールの優れた小説『ア　コンフェデラシー　オブ　ダンシズ（A Confederacy of Dunces）』は最初、どこの出版社にも一様に拒絶された。この知らせにショックを受けたトゥールは、ミシシッピ州ビロクシの無人の道路で車内自殺を遂げた。死後、母親がこの本を見つけ、息子に代わって働きかけて出版にこぎつけ、ついにはピュリッツァー賞を受賞した。

少し考えてみてほしい。原稿の内容に何か違いがあるだろうか？　何もない。同じ本だ。トゥールが原稿を書き上げ、出版社との交渉で激しくやり合ったときも、本が出版され、販売部数を重ね、賞を獲得したときも、本の素晴らしさに変わりはない。この事実にトゥールが気づいていたら、心の痛みがずいぶん軽くなっていたのではないか。トゥールにそれを伝えることはできなかったが、少なくとも私たちはその痛ましい経験から、人生の挫折というものが見ようによってどうとでも受け取れる、ということを学ぶことができる。

だからこそ私たちは、外的な要因に物事の価値を決めさせてはいけない。自分で決めればよいことなのだ。

結局、世界とは、私たち人間の「望み」とは無関係に成り立っている。だから、あれが欲しい、これが必要だと言い立てても、落胆し、腹が立つだけだ。あるいは、もっとひどいことにもなる。

己の務めを果たせば、それで十分なのだ。

FIGHT CLUB MOMENTS

ファイト・クラブ・モーメント

真実にフタをして地中に埋めても、むくむくと成長して力を蓄え、ある日爆発的な力で土を突き破り、すべてを吹き飛ばす。

エミール・ゾラ（フランスの作家）

どん底からはい上がった成功者はいくらでもいて、挙げればきりがない。「誰もが、ときに思いがけない苦難に見舞われ、人生観の修正を迫られる」というのは手垢のついた決まり文句のようだが、だからといって真実でないわけではない。

Ｊ・Ｋ・ローリングは大学卒業から七年後、気がつけば結婚生活は破綻し、仕事もなく、女手一つで子供たちを食べさせていくのは困難で、もう少しでホームレスに転落するところだった。

ジャズアルトサックス奏者のチャーリー・パーカーはまだ一〇代のころ、ステージでいいところを見せようと勇み立ち、しばらくはほかの楽団員と息の合った演奏を繰り広げたが、やがて調子が狂い始め、大御所ドラマーのジョー・ジョーンズの不興を買った。そして、なんとシンバルを投げつけられ、追い払われるという屈辱を味わった。

リンドン・ジョンソン元合衆国大統領は少年時代、一人の少女をめぐって地元農家の少年とけんかをしてぶちのめされ、「ボス」としての自己像を粉々に打ち砕かれた。

どん底に突き落とされる方法はいろいろある。ほとんど誰もが人生のどこかで、それぞれの仕方で突き落とされるのだ。

小説『ファイト・クラブ』では、主人公ジャックのマンションの部屋が爆破される。持ち物はすべて――ジャックが病的に愛する家具類も含めて――失われる。しかし後で明かされるのだが、実はジャックが自分で爆破したのだ。ジャックは多重人格者で、影の人格「タイラー・ダーデン」が爆発を画策したのである。ジャックは人格が入れ替わったとき、自分が何をしでかすか分からないことにショックを受ける。そしてそれまでの人生とはまったく違う旅へ、いやむしろ自分の人生の薄暗い部分へと分け入っていく。

ギリシャ神話ではよく、登場人物がカタバシス（下降）を経験する。後退を迫られ、意気消沈し、ときには文字どおり地下の世界へ降りていく。そこから帰ってきたとき、知識と理解は増している。

こんにちではそんな状況を地獄と呼ぶのだろう。ときに誰もがそれを味わい、しばしの間そこで過ごすことになる。

私たちの周りはくだらないもの、気を散らすものであふれかえっている。どうしたら幸せになれるか、何が重要なのかを説く虚言。私たちはなってはならない人間になり、破滅的なおぞましい行為にふける。この不健康なエゴにとらわれた状態は次第に習慣化され、ほぼ永続的なものになる。そのときカタバシスが訪れ、現実と向き合わざるを得なくなる。

ラテン語の格言ではこういわれる。

『Duris dura franguntur』（固いものは、固いものによって砕かれる）

エゴが大きくなるほど、転落のときにはより固い岩の上に落ちることになるのだ。

そんな目に遭わずにすめば最高だ。ちょっと注意されただけで態度を改めたり、静かに諭されただけで妄想を追い払えたり、自分の力だけでエゴの罠を回避できたりするならば何も言うことはない。

しかし、そう単純にはいかない。およそ一二〇年前にウイリアム・A・サットン師はこう言った。

「屈辱に耐えることなく謙虚になる道はない」

そうした経験をせずにすめばどれだけよいかと思うが、目を閉ざされた者が再び見えるようになるにはほかに方法がないこともある。

実際、人生の重大な変化というのは、こてんぱんに打ちのめされ、それまで知っていると思っていた世界がガラガラと崩れ落ちる、そんな瞬間から生まれることが多いのだ。これを「ファイト・クラブ・モーメント」と呼んでもいいだろう。自分で自分を痛めつけることもあれば、ほかのものにしてやられることもあるが、ともかく、凝り固まった自分の力では起こすことのできなかった変化への触媒となってくれる。

君の人生でもこんな瞬間がなかっただろうか（ちょうど今経験しているところかもしれないが）。上司からスタッフ全員の前で罵倒された。最愛の人と差し向かいで重大な話をしなければならなくなった。グーグルアラート（Google alert）で、死んでも書かれたくなかった記事の新着を告げられた。債権者から電話がきた。とんでもない知らせに椅子にもたれたまま天を仰ぎ、絶句した。

まさにそんな瞬間に、それまで隠されていたもの――真実――が露わになり、向き合わざるを得なくなる。もはや逃げも隠れもできない。

そんなときさまざまな問いが頭に浮かぶ。

「この出来事をどうとらえたらいいのだろう?」「どうすれば前に、あるいは上に進めるのだろう?」「これが一番底だろうか、それともまだ下があるのだろうか?」「私には問題があると言われたが、どうやって直せばよいのだろう?」「どうしてこんなことを起こしてしまったのだろう?」「二度と起こさないためにはどうしたらいいのか?」

歴史に目を向けると、そうした出来事にはだいたい三つの特徴がある。

❶　外部の力や人間によって引き起こされることがほとんどである。
❷　自分でもかねて知ってはいたが、認める勇気がもてなかった事柄が多い。
❸　破滅的な転落の中から、大きな前進や向上のチャンスが生まれる。

誰もがそのチャンスを生かせるのだろうか？　もちろん違う。エゴにとらわれた人は往々にして自ら身の破滅を招き、さらには改善のチャンスさえ逃してしまう。

二〇〇八年の金融危機は、多くの人にとってすべてが白日の下にさらされた瞬間ではなかったか？説明責任の欠如、借金頼みのライフスタイル、強欲、不誠実、続くはずのない流行。これを機に目を覚ました者もいた。だがそうでない者は、わずか数年後に再びまったく同じ目に遭った。今度はさらにひどい目に。

ヘミングウェイは若いころ、どん底というものを骨身にしみて味わった。そして、そこから学んだことを不朽の名作『武器よさらば』で表現した。

「世界は誰も彼もを打ち砕く。やがて多くの者は打ち砕かれた場所で強くなる。だが、打ち砕かれようとしない者には死が待っている」

世界は君に真実を告げるだろうが、それを受け入れるかどうかは君次第だ。

アルコールなど依存性からの回復をめざすいわゆる「一二（トゥウェルブ）ステップグループ」では、

ほぼすべてのステップがエゴを抑えることに向けられ、長年積もり積もった資格や肩書きなどの残骸、そして自分が偉いという感覚を取り除いていく。そうやってすべてをはぎ取ることで最後に残るもの、真の自分の姿が見えるようになる。ただし、いつもそこで「否定」という古い友人が顔をのぞかせる（自分が望まない真実は認めないこと、それがエゴだ）。

心理学者はよく、脅かされたエゴイズムほど危険なものはないと言う。名誉を傷つけられたギャングのメンバー。拒絶されたナルシスト。恥をかかされたごろつきたち。正体を暴かれた詐欺師。話のつじつまが合わなくなった盗作者やほら吹き。

そうした連中が窮地に追い詰められたときには、そばに寄らないほうがいい。もちろん君自身もそんな窮地には陥らないように。まちがいなくこんな心理状態になってしまうだろうから。

「どうして私にこんな口の利き方ができるんだ。私を誰だと思っている。思い知らせてやるぞ」ときに私たちは他者の言動を受け入れられず、耐えがたさのあまり突飛な行動に出てしまう。つまり、エスカレートしてしまうのだ。これはエゴの最も純粋で最も有害な形態である。

薬物ドーピングに手を出した自転車選手ランス・アームストロングを覚えているだろうか。アームストロングは不正を犯した。残念だが不正に走る人間はたくさんいる。この不正が露見したとき、アームストロングは、たとえ一瞬であれ、自分が卑怯者であることを嫌と言うほど思い知ったはずだ。そこで反省すればよかったのだが、事態は逆の方向へ向かってしまった。証拠が出そろっているのに、しらをきり通したのだ。そうやって強弁を続けることで、ほかの人々の人生まで破壊してしまった。私たちは自尊心を守るために、もっと言えば他人からの尊敬を失いたくないために、とんでもないことをしでかしてしまう。

「悪を行う者は皆、光を憎み、その行いが明るみに出されるのを恐れて、光のほうに来ようとしない」と、聖書にもある（ヨハネによる福音書、第三章二〇節）。大なり小なりこれが私たちのしていることだ。己の悪事を白日の下にさらすのは心地よいものではない。そこで暴かれるものが、ありふれた自己欺瞞でも、真の悪でも、違いはない。目を背けていても審判の日が遅れるだけだ。いつかはそのつけを払わなくてはいけない。

欺瞞の兆候と向き合い、病を治そう。エゴはその大敵だ。エゴに冒されると、治療を先延ばしにし、病的行動にのめり込み、人生を変えるために必要なことから目を背けてしまう。

変化とは、周りの人々の批判や助言に耳を傾けることから始まるのだ。たとえその言葉が意地悪で、腹立たしく、傷つくものだとしても。それらを選り分け、大事でないものは捨て、心に響くものだけをかみしめればいい。

『ファイト・クラブ』の主人公は、自分の部屋を爆破しなければ突破口を開くことができなかった。歪んだ期待を抱き、現実を誇張し、自制を失えば、そうした瞬間が訪れるのは避けられず、決まって悲惨な結末を迎える。さて、ここが現在地だ。君はこれからどうする？　変わることもできるし、否定することもできる。

アメリカンフットボールの元名将ヴィンス・ロンバルディは言った。

「チームというのは人間と同じで、一度どん底まで落ちないと復活できない」

実際、「どん底まで落ちる」というのは言葉の響きどおり、容赦なくつらいものだ。だがそれを乗り越えた者は、何物にも負けない強い心を手に入れる。バラク・オバマ大統領がその苦難に満ちた激動の任期を振り返って言った。

「樽に入ってナイアガラの滝を転げ落ちていくようなものだった。そこから浮かび上がり、生還した今、実に晴れやかな気持ちだ」

できれば危険な妄想に陥らないほうがいい。挫折を味わったり、頭が変になったりしないほうがいい。そのことを、本書でここまでずっと説いてきたのだ。だが、それが君に届かなかったならば、ここに行き着くことになる。

君は、自分が掘った穴の縁に立って中をのぞき込み、壁にこびりついた血まみれの旅の爪痕を見て、むなしく微笑むしかないのだ。

DRAW THE LINE

節度をわきまえる

人間性が損なわれるだけで、人生そのものが損なわれる。

マルクス・アウレリウス（ローマ皇帝）

先の章で述べたように、ジョン・デロリアンは度を過ぎた野心、怠慢、ナルシシズム、強欲、不手際が重なって自分の自動車会社をつぶしてしまった。悪いニュースがどんどん積み重なって実態が明るみに出たとき、デロリアンはいったいどんな反応を示したか？　君はどう想像する？　おとなしく受け入れただろうか？　不満顔の社員が言い立てていた問題をようやく認めただろうか？　自分自身はもちろん、投資家や従業員まで巻き込んだ失敗や判断について、一瞬でも反省する様子を見せただろうか？

もちろん、そんなことはしなかった。それどころか事態を打開しようと焦るあまり、六〇〇〇万ドルもの麻薬取引に手を染め、最後には逮捕された。捕まるのも無理はなかった。会社が傾き始めるや（デロリアンの稚拙な経営手法が最大の原因だった）、危機から脱する切り札として、コカイン二二〇ポンド（約一〇〇キログラム）を違法輸出して資金を調達しようと考えたのだから。

世間の面前でぶざまに逮捕されたあと、デロリアンは「罠にはめられた」といううさんくさい主張を繰り返し、結局それが通って無罪となった。証拠ビデオの映像では、コカインの袋を抱えたデロリアンが興奮気味に、「こいつは黄金ほどの価値があるんだ」と言っていたのだが。

デロリアンを崩壊させた犯人が誰かは明らかだ。事態をさらに悪化させた犯人も明らかだ。犯人は、デロリアン自身だ。デロリアンは自分でも知らぬうちに穴にはまり込んで、せっせと掘り続け、とうとう地獄へ行き着いてしまったのだ。

途中でやめればよかった。どこかの時点で自分に問えばよかった。

「俺はこんな人間になりたかったのか？」

人はいつでも失敗を犯す。うまくやれると思って会社を始める。華々しく大胆なビジョンを掲げるが、少しばかり壮大すぎた。それ自体は全然構わない。結局それが起業家に、クリエイティブな人間に、さらにはエグゼクティブになるということなのだから。

私たちはリスクを冒す。そして、窮地に陥る。

問題は、自分のアイデンティティを仕事に結びつけている場合に、どんな失敗も自分の「人間性」の欠点であるように感じてしまうことだ。すると責任をとることに及び腰となり、事態が紛糾しているることを認められなくなる。ここまでやってきたのにもったいない、今さらやめられるかと追いかける愚行だ。埋没費用※への誤った議論である。そして、失敗が目に見えている事業に追い金をつぎ込み、結局最悪の事態に陥ってしまう。

※埋没費用とは、事業などを途中で中止することによって戻ってこない投下した資金や労力のこと。

たとえて言うなら、四方の壁が迫り寄ってくるようなものだろう。裏切られたような、自分のライフワークが奪われていくような感じを覚えるかもしれない。これは理性を欠いており、まともな感情ではないので、当然、理性的な、適切な行動にはつながらない。

エゴはこんなふうに問いかけてくる。「なぜ私がこんな目に？　どうすればこの危機を脱し、自分の偉大さをもう一度皆に証明できる？」。これは動物的本能から来る恐れで、どんなにささいな弱さの兆候でも許せないのだ。

その末路はすでに見たとおりだ。君にも覚えがあるだろう。自分の王国を守ろうとやけになって闘っても、事態を悪化させるだけなのだ。そんなやり方では偉大なことは成し遂げられない。

スティーブ・ジョブズを例にとろう。若いころアップルから追放されたのは一〇〇％本人の責任だ。のちに成功を収めたため、ジョブズを放逐したアップルの決定は下手な経営の見本みたいに思われているが、当時のジョブズは手に負えない暴れ者だったのだ。エゴが暴走していたのは明らかだった。もし君がアップルのCEOジョン・スカリーの立場だったら、そんなエゴ暴走バージョンのジョブズをやはり解任していただろう。そうするのが正しい判断だったのだ。

今の時点から見ると、解任に対するジョブズの反応は理解できる。泣いた。闘った。どうしようもなくなると、アップルの株式を一株残らず売り払い、二度とアップルのことは考えまいと誓った。だがしばらくすると新しい会社を立ち上げ、そこに人生を賭けた。最初の失敗の原因となった経営の不手際から、できるかぎり学ぼうと努めた。その後、次の会社を、つまりピクサーを始めた。ジョブズは、障害者用の駐車スペースにも平気で車を止めるような悪名高いエゴイストだったが、この重大な局面で意外な反応を見せた。自分たちの才能を確信しているピクサーのCEOたちに対して、ともかく謙虚に振る舞い、敬意をもって接したのだ。ジョブズは努力の末に、もう一度己の力を証明したばかりか、最初に転落の原因となった欠点を見事に克服してみせた。

成功者や権力者でこんなまねができる者は多くない。胸を引き裂かれるような失敗をしないかぎり難しいのだ。

アメリカンアパレルの創業者ダブ・チャーニーもその一人だ。三億ドルもの損失と幾多のスキャンダルに見舞われた同社は、チャーニーに選択肢を突きつけた。CEOを辞めて「クリエイティブコンサルタント」の立場（多額の報酬）で事業に携わるか、それとも会社から追放されるか。チャーニーはどちらの選択肢も拒否し、はるかに悪い道を選んでしまった。

異議申し立ての訴訟を起こすと、いちかばちか、会社に対する自分の持ち株をすべて投じてヘッジファンドと組んだ。そして敵対的買収を仕掛け、自分の行いを調査して判断を下してほしいと訴えた。だが、身の潔白は証明できなかった。私生活が赤裸々に書き立てられ、目を覆いたくなるようなひどい内情が事細かに暴露された。チャーニーが訴訟の担当者に選んだ弁護士は、たまたま、すでに何度もチャーニーをセクハラや不正経理などで訴えていた人物だった。過去にチャーニーはこの人物を、ゆすりを働き、でたらめな法的主張をしていると非難していたのだが、それが今では共に闘う仲間となっていた。

アメリカンアパレルはチャーニーとの訴訟合戦で一〇〇〇万ドル余りも余計な出費をし、裁判所からはいさかいをやめるようにとの禁止令まで出された。一連の騒動で売り上げはガタ落ちした。とうとう会社は工場の労働者や古株の社員を解雇し始める。チャーニーが「彼らを守るために闘う」と言っていた人々だ。それも、ただ倒産を避けるためだけに。しかし一年後、同社は倒産し、チャーニーも一文無しになった。※

※私はその現場にいて、一部始終を目撃した。胸が引き裂かれる思いだった。

古代アテネの不実な将軍アルキビアデスを彷彿とさせる。ペロポネソス戦争でアルキビアデスは愛する祖国アテネのために戦った。その後、アルキビアデスが犯したとも濡れ衣ともいわれている酒の上の犯罪により追放されると、アテネの宿敵スパルタへ寝返る。その後、スパルタでもうまくいかなくなると、今度は両国の宿敵ペルシャに寝返る。やがてアテネに呼び戻されたが、シチリア侵略という野心的な計画によってアテネ市民を破滅に追い込むこととなった。

エゴは、私たちが愛するものを殺す。ときには私たち自身も殺されそうになる。

アレクサンダー・ハミルトンといえば、アメリカ建国の父の中でもとりわけ悲惨な無駄死にを遂げた人物だが、皮肉なことにこのテーマについて名言を残している。本人はそれとは裏腹の人生を生きたのだが（くだらない決闘に走る前に自分の言葉を思い出していたら、命を散らさずに済んだだろう）。ハミルトンは、自ら招いた深刻な金銭・法律トラブルに喘いでいた友人に諭した。

「毅然として、名誉をもって行動しなさい」

「合理的に考えて、うまく窮地を脱出できそうにないときは、あまり深入りしないことだ。完全に停止する勇気をもちなさい」

完全に停止する。とはいえ、何もかもあきらめろと言っているのではない。参ったと言えない格闘家や引き際の分からないボクサーが痛い目に遭うのと同じだ。これは誇張ではない。大局的な視点から判断を下すべきだ。

しかしそもそもエゴをコントロールできていたら、誰がそんなことをするだろうか？

たとえば君が失敗をして、しかも君自身の落ち度だとする。悪いことは起こるものだ。それも皆の見ている前でそういうことが起こる。愉快ではない。でも問題はまだ残っている。さらに事態を悪化させてしまうのか？　それとも尊厳と人格を損なうことなく、そこから浮かび上がるのか？　後日の再戦のために生きようと思えるか？

スポーツチームが試合に負けそうなとき、監督は選手に「もう終わりだ」と言ったりしない。選手たちに、自分たちの真の姿を、実力を思い出させる。そしてコートやグラウンドに戻って、それを見せてみろと発破をかける。勝利や奇跡が頭から消えたチームは持てる力を出し切り、できるかぎり最高の形で試合を終える（そしてベンチにいる控えの選手たちともゲームの一体感を味わう）。そしてときには、復活して勝利を収めることもある。

ほとんどの問題は一時的なものだ。君がいたずらに混乱させないかぎりは。復活とは華やかなものではなく、一歩ずつ歩を進めていくものだ。復活のために君が打つ策が、病的なものでないかぎりは。

エゴは恥やしくじりを、実際以上に大げさに考える。歴史を見れば、ひどい恥辱を味わいながらも復活を遂げ、長きにわたって見事なキャリアを築いた人々は山ほどいる。自らの失態により選挙で敗れたり職を失ったりした政治家が、しかるべき時間をおいて再起し、指導的立場に戻った例がある。出演映画がこけた俳優、スランプに陥った作家、スキャンダルが発覚したセレブ、子育てに失敗した親、経営が下降線をたどる起業家、解任されたエグゼクティブ、チームから外されたスポーツ選手、市場のバブルで良い目を見すぎた人々……皆、私たちと同じく失敗の痛みを味わった。負けたときには二つの選択肢がある。自分にとっても周りの人々にとっても完全な敗北にしてしまうか。それともいったんは負けるものの、のちに勝利を収めるか。

どうせ人生では、いつか負けるのだ。ある日医師から死期を告げられる日が来る。自然の摂理であり、動かしようのない事実だ。

エゴは私たちが揺るぎない存在であり、負けることのない力であると言い張る。この幻想が問題を生む。失敗や苦境に際して、ルール破りの手で乗り切ろうとするのだ。まともでない計画にすべてを賭けたり、裏で策略を巡らせたり、アメフトでいう「ヘイルメアリーパス」（試合終了間際に行ういちかばちかのロングパス）を狙って失敗したり。そもそもそういう発想をしてしまう精神構造が、こんな窮地へ君を追い込んだ原因だというのに。

人生のサイクルの中ではどんな時点でも、私たちは「夢を追いかける」段階、「成功をつかんだ」段階、「失敗した」段階のどれかにある。そして今、私たちがいるのは最後の「失敗した」段階だ。よく考えれば、これらの段階は移り変わるものであり、人間としての価値を表すものではないことが分かる。理由は何であれ、成功が君の指からすり抜けていくとき、とるべき反応は、手を固く握りしめることではない。そんなことをすれば、成功が粉々に砕け散ってしまう。大事なのは、最初の「夢を追いかける」段階に戻る努力をすることだ。かつて道を歩み始めたときにもっていた原則、最善のやり方に立ち返らなくてはいけない。

セネカは次のように言った。

「死を恐れる者は、生者の名に値することを何もしない」

つまり「何かにつけ失敗を避けたがる者は、失敗の名に値することをほとんど何もしない」のだ。

本当に恐れるべきことはただ一つ、自分の原則を捨ててしまうことだ。別れが耐え難いからと愛する人を殺してしまうのは、愚かで馬鹿げた行為だ。少々の打撃にも耐えられないような名声なら、初めから手に入れる価値がなかったのだ。

自分の基準に従う

過去を振り返るのは、失敗を反省するときだけ。得意に思うことを振り返っても、危険なだけだ。

エリザベート・ノエレ＝ノイマン（ドイツの政治学者）

ＮＦＬのニューイングランド・ペイトリオッツは、二〇〇〇年四月一六日、ドラフトでミシガン大学からクォーターバックを一人獲得した。スカウトがしばらく前から目をつけ、調べ上げていた選手だった。ドラフト会議でまだ残っているのを見て、獲ることにした。ドラフト六巡目、全体一九九位だった。

若きクォーターバックの名をトム・ブレイディという。

ブレイディはルーキーシーズンを四番手のクォーターバックとして迎えた。二シーズン目は開幕から先発メンバーだった。ペイトリオッツはその年スーパーボウルを制し、ブレイディはMVPに選ばれた。

投資リターンの点から見ると、アメリカンフットボールの歴史上、ドラフトで獲った選手としては最高の買い物といえるのではないか。スーパーボウルチャンピオン四回（出場六回）、開幕スタメン一四シーズン、一七二勝、タッチダウン四二八回、スーパーボウルMVP三回、通算獲得ヤード五八〇〇〇、オールスター選出一〇回。地区リーグでも数々のタイトルを獲得している。しかも配当金の支払いはまだ終わっていない。ブレイディにはこの先何シーズンも戦える力がある。

ならばペイトリオッツのフロントは、この結果に歓喜していると思うだろう。実際そのとおりだ。ただし一方で深い失望も味わっていた。ブレイディが予想外の活躍を見せたということは、裏を返せばペイトリオッツのスカウトの目はふし穴だったということだ。選手の評価は万全を期したにもかかわらず、ブレイディの数値に表れにくい特質を見落としたか、見誤っていた。なにせこの逸材を、ドラフト六巡目まで獲らなかったのだ。その間にほかのチームに獲られる可能性もあった。そのうえ、不動のレギュラーだったドリュー・ブレッドソーがけがで離脱し、ブレイディを起用せざるを得なくなるまで、その才能に気づきもしなかったのだ。

というわけで、賭けには勝ったものの、ペイトリオッツはブレイディを逃していたかもしれないスカウティングの失敗を教訓にし、情報分析能力に磨きをかけた。といっても、ささいなことまで詮索したり、完璧主義に陥ったわけではない。ただ、守るべき「行動基準」を高く設定し、貫き通しただけだ。

ペイトリオッツの人事責任者スコット・ピオリは、長年、デスクの上にデーヴ・スタチェルスキという元選手の写真を飾っていた。スタチェルスキはブレイディと同じ年にドラフト五巡目で選ばれながら、シーズン前のキャンプを乗り切ることができなかった。写真を見ながら自分を戒める。お前は自分で考えるほど優秀ではないし、何でも分かっているわけじゃないんだ、と。気を引き締めろ。改善点を探せ。

バスケット監督のジョン・ウッデンもこの点を明確にしていた。スコアボードは、自分とチームの成果をはかる物差しとはならない。「勝利」をもたらした要因は、スコアボードには書かれていない。野球とアメフトの両方で活躍したボー・ジャクソンは、ホームランを打ったときもタッチダウンを決めたときも特に感じ入った様子がなかった。「完璧ではなかった」ことが分かっていたからだ（実際、メジャーリーグで初ヒットを打ったときも同じ理由でボールを欲しがらなかった。ジャクソンにとっては「ゴロが二遊間を抜けていっただけ」だったからだ）。

これが偉大な人々の考え方だ。とはいえ何も成功のたびに過失を見いだすわけではない。単に、社会で普通考えられている成功の程度を超える水準を、己に課しているだけだ。ほかの人々がどう考えるかは気にしない。己の基準を果たしているかが問題なのだ。そしてその基準は、ほかの人々よりもずっとずっと高いのである。

ペイトリオッツはブレイディの獲得を、分析の勝利というより単なる幸運ととらえた。世の中には幸運を自分の手柄にしてしまうおめでたい人々もいるが、ペイトリオッツはそうではなかった。何もペイトリオッツが――そんなことを言えばＮＦＬのどのチームだって――エゴと無縁であるとはいわない。でもこの場合に限れば、自画自賛するかわりに頭を低くして改善点を探した。組織として、人として、プロとして、謙虚になることでこんなにも大きな力が生まれるのだ。

ただし謙虚になることは、いつも愉快であるとはかぎらない。自分で自分を痛めつけているように思えることもある。それでも、前に進み、改善し続ける力となる。

エゴというのは、物事の両面を見ることができない。称賛だけに目を向けていれば向上は望めない。「うぬぼれた人には称賛しか耳に入らない」とサン＝テグジュペリの『星の王子さま』は言った。エゴはうまくいっていることだけを見て、そうでないことは無視する。だからエゴイストが一時優位に立つことがあっても、長続きすることはめったにない。

私たちにとってスコアボードが一つしかないわけはない。ウォーレン・バフェットが同じことを言っている。

「自分の内なるスコアカードと、外部のスコアカードとは区別すること。自分の潜在能力、自分に出せる最大限の力、それこそが自分の成果をはかる指標となる」

つまり、君だけの基準だ。勝つだけでは十分でない。運良く勝てることもあるし、てんで駄目な人が勝つこともある。勝つことは誰にでもあるのだ。だが、最高の自分を出せる人は多くはない。

厳しい言い方かもしれない。でも裏を返せば、ときに敗北したとしても素直に胸を張っていられるということである。エゴを取り除けば、ほかの人々の意見や外部の基準など大したことではなくなる。それよりも己の基準に従うほうがずっと難しいが、結局、敗北に屈せずに前に進み続けていくにはそうするしかないのだ。

経済学者（哲学者でもあった）アダム・スミスは、賢明で良識ある人々がどのように己の活動を評価するかを理論化した。

我々が自分の行いを点検し、公平な観察者の視点で眺めようとする場面は二つある。まずは、行動を起こそうとするとき。次は、行動を終えたとき。いずれのケースでも我々の見方は非常に偏りがちだ。しかし、なんと言っても見方が偏るのは、あまりにも重要すぎて冷静になどなれないときだ。我々が行動を起こそうとするとき、先走る情熱のせいで、公平な観察者の率直さをもって、自分がしていることを眺めるなどできるものではない……一方、行動をし終えたときには、それを駆り立てていた情熱が鎮まり、より冷静に、公平な観察者の気持ちになることができる。

この「公平な観察者」こそ、私たちが自分の振る舞いを評価する際のガイドとなってくれる。世間からしばしば送られる根拠のない称賛とは大違いだ。ただし、称賛を求めなければそれでいいということではない。

政治家や大物CEOといった連中が、自分の行いを、「ルール上は違法ではない」と言い逃れする場面を何度も見たことがあるだろう。それから君自身も、「誰にも分からないから」といって、自分の行いを正当化したことがあるだろう。こうしたモラル上のグレーゾーンはエゴの格好の餌食になる。何らかの基準（「内的な基準」でも「公平な基準」でも好きなように呼べばいい）によってエゴを抑えつければ、度を過ぎた間違いを許してしまうことが少なくなる。「言い逃れできるか」ではなく「すべきか、すべきでないか」という話になるからだ。

最初はつらい道のりに感じるだろうが、やがて身勝手な自我が影を潜めていく。自分の基準で自己評価する人は、世間の称賛こそ成功の証だと思っている人とは違い、スポットライトに執着しない。長い目で物事を考えられる人は、つかの間後退を迫られても自分を哀れまない。チームを大事にする人は、自分のエゴをしまい込み、仲間と成果を分け合うことができる。

過去にうまくいったことや自分の素晴らしい働きにうつつを抜かしていても、どこにも行き着かない。行き着く場所があるとしたら、せいぜい君が今いるその場所だ。しかし、君はもっと先へ進みたいし、もっとたくさん手に入れたいし、これからも成長し続けたい。

しかしエゴがその邪魔をする。だから絶えず高い基準を設定して、エゴを抑えこみ打ち砕くのだ。といっても、欲にとりつかれたみたいに、どこまでも上へ上へと突き進むのではない。本物の進歩をめざして、一歩ずつ着実に前へ向かうのだ。気分に流されるのではなく、規律を己に課すことによって、それを実現するのである。

愛する心を忘れない

どうして世間に対して怒りを覚えるのか？
まるで世間が、その怒りを聞いて分かってくれるかのように。

エウリピデス（ギリシャの悲劇詩人）

一九三九年、若き天才オーソン・ウェルズにハリウッド史上前代未聞のチャンスが巡ってきた。大手映画スタジオＲＫＯからの依頼で、好きな映画を二本制作できることになったのだ（ウェルズ自ら脚本を書き、演じ、指揮を執る）。処女作に選んだ題材は、謎に満ちた新聞王、自ら築いた巨大帝国と豪奢な生活の虜となった男の人生だった。

悪名高きメディア王、ウィリアム・ランドルフ・ハーストは、この映画が己の人生を下敷きにしているばかりか侮辱的に描いていると考えた。そして、のちに映画史上最高傑作とたたえられるこの作品を滅ぼすべく、猛烈な運動を開始し、当初はそれに成功さえした。

この点に関して興味深い事実がいくつかある。

❶ハーストはこの映画を一度も観なかったと思われる。だから実際の内容は知らなかったはず。

❷映画はハーストを描くことを意図したものではなかった。少なくとも、ハーストだけに焦点を当てたものではない（知られているかぎり、主人公チャールズ・フォスター・ケーンは、鉄道事業家サミュエル・インスル、新聞事業家ロバート・R・マコーミックなど歴史的偉人を何人か組み合わせたものだとされる。この映画はまた、チャールズ・チャップリンとオルダス・ハクスリーによる権力の描写にもインスパイアされている。しかしけっして中傷を目的としたものではなく、どこか人間味が感じられる内容だ）。

❸ハーストは当時世界一の金持ちで、七八歳、人生も終わりに近づいていた。新人監督の処女作品（しかもフィクション）などに、そんなに時間を費やしたのはなぜだろう？

❹ハーストが上映を妨害しようと運動したことでかえって口伝えで作品の人気が高まり、またそれによって何でもコントロールしないと気がすまないハーストの性癖をさらけだしてしまった。その結果皮肉にも、どんな批評家もなし得ないほど見事に、「憎まれ者のアメリカの名士」という己のイメージを固め、後世まで残すことになった。

ここに憎しみと恨みのパラドックス（矛盾）がある。望んだものとほぼ正反対の効果を生んでしまうのだ。インターネット時代ではこれを「ストライサンド効果」と呼ぶ（歌手で女優のバーブラ・ストライサンドによる同様の行為にちなんだ命名。ストライサンドはウェブ上に載せられた自宅写真の削除を求めて裁判を起こした。この行動がかえって注目を集めて写真を見る人が続出、放っておいたほうがはるかにましだった）。憎しみやエゴから何かを葬り去ろうとすると、かえってそれが広まり、永久に保存されてしまうことになる。

ハーストの行動は明らかに行きすぎで馬鹿げていた。自分の子飼いで、絶大な影響力を誇った芸能コラムニスト、ルエラ・パーソンズをスタジオに差し向け、作品の事前審査を要求した。その報告を聞いたハーストは、どんな手を尽くしても映画の公開を阻止すると決めた。そしてハースト傘下の新聞は、どこもＲＫＯ（問題の作品『市民ケーン』の制作元）の映画を取り上げてはならぬというお触れを出した（一〇年たってもなおハースト系新聞では、ウェルズ作品にこの禁止令が適用されていた）。ハースト系新聞はウェルズとその私生活に関する醜聞を探しまわった。芸能コラムニストはＲＫＯ理事会のメンバーに対しても同様の脅迫をした。ハーストはまた映画業界全体に対しても脅しをかけ、ほかのスタジオのトップをＲＫＯと反目させた。八〇万ドルで映画の権利を買い取るという申し出もなされたが、それはフィルムを燃やすか破壊するためだった。大半の映画館チェーンは圧力に屈して上映を拒否し、ハーストが所有するメディアなどでは広告宣伝が一切禁じられた。ハーストの協力者はウェルズにまつわる噂を各当局に流すようになり、一九四一年にはＪ・エドガー・フーヴァー長官の指示でＦＢＩが調査ファイルを作成した。

そんなこんなで映画は興行的に振るわなかった。映画作品としての文化的価値を評価されるまでにも、長い年月を要した。すさまじい出費とすさまじい苦労の末に、ハーストはようやく作品を押さえつけられたわけだ。

気に入らないものは誰にでもある。成功を収め力を増すほど、自分の遺産やイメージ、影響力を守る必要があると感じることが増える。気をつけないと、世間からの評判や尊敬を守るために途方もない時間を無駄にしかねない。

怒れる男や苦悩する女がほかの人々や社会、さらには自分自身と果てしない闘いをして、時間を浪費し、無駄死にを遂げていることを考えると、もの悲しい気持ちになる。どうしてそんな闘いをしたのだろうか？　その理由さえほとんど思い出せないというのに。

気に入らない攻撃や侮辱などに対して、もっとよい対処法があるのを知っているだろうか？

愛。そう、愛だ。音楽の音量を下げてくれない隣人を、口うるさい親を、君の書類を紛失した役人を、君を拒絶したグループを、君を攻撃する批評家を、君の事業アイデアを盗んだ元パートナーを、君に隠れて浮気をしたやつを、愛するのだ。

歌の歌詞にもあるように、「憎しみはいつでも君を捕まえる」のだ。

たしかに、ひどい目に遭わされたときに相手を愛そうというのは、酷かもしれない。それでも、受け流すことならできるはずだ。首を横に振って、笑い飛ばせばいい。

そうしなければ、いつの時代も変わらぬ悲しいパターンがまた一つ繰り返されることになる。金持ちの権力者の多くは孤独で、妄想にとりつかれているので、何か気に入らないことがあるたびに悪感情にのみ込まれてしまう。己をここまで運んできてくれた欲望が、にわかに大きな弱みとなる。ちょっとした不快な出来事に大変な痛みを感じる。その傷口がうんで、感染し、やがて身を滅ぼしかねない。

これこそがニクソンを前へ前へと駆り立て、やがて惨めな転落へと追いやった力の正体だ。自身の追放劇を振り返って、ニクソンはのちに認めている。「敵対陣営と頑として闘う闘士」という生涯つきまとったイメージが命取りだった、と。自身の近辺もそうした「タフガイ」で固めていた。ウォーターゲート事件直後の大統領選でニクソンが圧勝で再選を決めたことは、もはや人々の記憶に残っていない。ニクソンはとにかく自分を抑えることができなかった。常に戦い続け、記者たちを攻撃し、自分を侮辱したり疑ったりしたと感じた者は誰であれ容赦しなかった。そのため、「闘士」イメージが膨らみ続け、ついには失脚へと至った。この種の人々の例に漏れず、ニクソンも自分で墓穴を掘ってしまった。根本的な原因は憎しみと怒りの感情だった。自由世界の最高権力者の地位にあっても、このパターンを変えることはできなかった。

しかし必ずしもこうなるわけではない。次に紹介するのは、アメリカの黒人指導者ブッカー・T・ワシントンが、同じく黒人活動家のフレデリック・ダグラスからじかに聞いた話だ。ダグラスが旅をしていたとき、黒人であることを理由に列車の貨物車両に乗せられたことがある。すぐに白人の支持者が飛んできて、このとんでもない非礼をわびた。

「申し訳ありません、ダグラスさん。こんなふうにあなたをおとしめてしまって……」

ダグラスはちっとも気にする素振りを見せなかった。怒ってもいないし傷ついてもいなかった。そして熱を込めて返事をした。

「フレデリック・ダグラスはこんなことではおとしめられません。私の内なる魂は誰にもおとしめられないのです。おとしめられるのは私ではなく、私にこんな仕打ちをしている人たちでしょう」

ちょっと信じられないような話だ。こんな態度を貫くのは間違いなく難しい。怒りに身を任せるほうがずっとたやすい。やり返すのが自然だ。

ところがダグラスのような偉大な指導者の特徴は、敵を憎むのではなく、ある種の同情と共感を抱くことにあるのだ。一九九二年の民主党全国大会で基調演説に立った黒人女性議員バーバラ・ジョーダンは、今後取り組むべき課題として「……愛、愛、愛、愛」と訴えた。マーティン・ルーサー・キング・ジュニア（キング牧師）は、「憎しみとは重荷であり愛とは自由である」と再三説いた。愛には人を変える力があり、憎しみは人を弱らせるだけだ、と。有名な説教の一つで、キング牧師はその点を明確にした。

「私たちは、自分の内面を見つめることによって、個人としても集団としても、敵を愛し、自分に憎しみを向ける相手を愛せるようになるのです」

私たちは、エゴという鎧によって自分の身を守ろうとし、やがて、その鎧の中に閉じ込められ、息ができなくなる。そんなエゴという鎧を、今すぐ脱ぎ捨てなければいけない。キング牧師もまさに同じことを言っている。

「憎しみはいつも、人の生、人の存在のまさに根幹をむしばむ癌なのです。人の生の最良の部分、まぎれもない中心部を腐食する酸のようなものです」

ここでちょっと気持ちを整理しておこう。君が嫌いなものは何だろうか？　誰の名前を聞くと、嫌悪と怒りで胸がいっぱいになるか？　それに答えたら次の質問だ。そうした強い感情が、実際に何かを達成する助けになったことがあるか？

さらに言えば、憎しみや怒りが、いったいどんな点で誰かへの仕返しになったのだろうか？

というのも、他人の特徴や振る舞い（不誠実、身勝手、怠惰）が、どれだけいらだたしく思えても、それが本人の得になることはまずないからだ。そのエゴや狭量さの中に、すでに自滅の種が含まれているのである。

私たちは自分に問いかけなければいけない。自分はそういう恥ずべき人間になりたいのだろうか？

オーソン・ウェルズは、ハーストによる長年の妨害工作にどのように対応したのだろう。ウェルズ自身の話によると、映画のプレミアの夜、エレベーターの中でハーストに出くわした。ハーストがその資力を総動員して阻止し破壊しようとした映画の封切り日だ。ウェルズはいったい何と言ったか？ ハーストをプレミアに招待したのだ。ハーストが断ると、ウェルズは、チャールズ・フォスター・ケーン（映画の主人公）なら来るでしょうね、とジョークで返したという。

この映画で見せたウェルズの天才的才能が、世間から認められるには長い年月を要したが、ウェルズはくじけずに頑張り続け、その間もほかの映画を撮り、見事な芸術作品を生みだした。誰から聞いても、ウェルズは充実した幸福な人生を送ったようだ。今や『市民ケーン』は、映画史上最重要作品との評価を確立している。公開から七〇年の年月を経て、作品は今では州立公園となっているカリフォルニア州サンシメオンのハーストキャッスルで上映された。

ウェルズが味わった苦難はまったく理不尽なものだったが、少なくともそれで人生を台無しにさせはしなかった。ウェルズが亡くなったとき、二〇年来の恋人はその追悼の言葉で、ハーストの名こそ出さなかったものの、ウェルズが非情な業界で過ごした長い年月に受けた数々の侮辱に触れた。そのうえで、「それが彼を苦しめたり、憎しみを抱かせたりすることにはならなかったとお約束します」と言った。言い方を換えれば、ウェルズはハーストのようにはならなかったのだ。

誰もがこんなふうに対応できるわけではない。人生のさまざまな地点で私たちは、それぞれ自分なりに寛容さや他者への共感性を身につけていくのだと思う。なかには、「恨み」という荷物を背負いこみながら前に進み続ける者もいる。

メタリカのギタリストに急きょ抜擢されたカーク・ハメットを覚えているだろうか。代わりにたたき出された男、デイヴ・ムステインはその後、メガデスという新バンドを結成した。ムステインは、自分の力で信じがたいような成功を収めながら、ずっと昔に受けた仕打ちを忘れることができず、怒りと憎しみにとらわれていた。そのためにアルコールやドラッグに溺れ、あやうく命を落としかけた。ようやく過去を清算する気になれたのは一八年後のことで、そのときムステインは、拒絶され傷つけられた当時の気持ちを昨日のように覚えていると語った。ムステインがカメラの前で昔のバンド仲間に向けて語っているのを聞くと、ホームレスにでも身を落としたのかと思うほどだ。だが実際はロックスターの人生を送り、数百万枚のセールスを上げ、優れた音楽作品を生み出してきたのだ。

誰もがこの種の痛みに覚えがあるはずだ。ムステインの詩を引くなら「真っ黒な歯でにやりと笑う」。こうした過去への執着、誰かにこんなことをされたとか、こんなふうになるべきだったのにとか、そうした恨みをいつまでも根にもつことは、まさにエゴの表れだ。皆が先へ進んでいるのに、自分だけはそうできない。自分の考えにいつまでもとらわれ、周りが見えなくなっているからだ。悪気があるにしろ、そうでないにしろ、誰かに傷つけられたことを受け入れ、許すなんて思いもよらない。だから憎しみを捨てられない。

失敗や苦境に陥ると、つい憎しみに流される。憎しみは非難に変わる。他人を責めだすのだ。これはまた、進むべき道からの逸脱でもある。仕返しを考え、「なぜそんな目に……」と悩んでいる間、ほかのことは何もできない。

そんなことをして、なりたい自分に近づけるのだろうか？　そんなわけがない。足止めを食うだけだ。ひどければ、すっかり成長が止まってしまう。ハーストのようにすでに成功を収めている場合は、己の遺産を汚し、栄光の生涯に泥を塗ることになる。

それでも、愛はいつもそこにある。愛とは何か？　エゴとは無縁で、オープンで、ポジティブで、柔軟で、満ち足りて、生産的である。

FOR EVERYTHING THAT COMES NEXT, EGO IS THE ENEMY…

次に何が起きようとも、エゴは敵となる…

仕事は好きではない（誰だってそうだろう）。だが仕事の中に含まれているものは好きだ。つまり、自分自身を見つける可能性だ。

ジョゼフ・コンラッド（イギリスの小説家）

作家ウィリアム・マンチェスターがウィンストン・チャーチルの生涯を描いた叙事詩的伝記では、中盤の巻（全体の三巻目）が「孤独」という題がついている。丸八年の間、チャーチルは一人で、近視眼的な同僚たちに耐え、ヨーロッパで台頭しつつあったファシズムの脅威と闘った。苦闘の末、チャーチルは勝利を収める。そしてまた苦境に陥り、再び己の正義を証明した。

キャサリン・グラハムは、一家が所有する新聞帝国を引き継いだとき、一人孤独に耐えた。息子のドナルド・グラハムも、二〇〇〇年代半ば、業界の劇的な衰退に際して会社を守ろうとして、母親と同じようなプレッシャーを味わった。二人とも危機を乗り切った。君にだってできる。

私たちは苦難に遭遇する。敗北を味わう。ベンジャミン・フランクリンが言ったように、「人生を味わい尽くそうとする者は、いくらか辛酸をなめることも覚悟しなくてはいけない」。それを避ける道はないのだ。

だがそうした辛酸がそれほど悪くないものだとしたら、どうだろう？　ハロルド・グリーンが言っている。

「人は己の失敗から学ぶ。成功から学べることはほとんどない」

古いケルトのことわざにもある。「大いに見て、学び、苦しめ。それが知恵への道だ」

君が今直面している困難が、その道であるかもしれない。いや間違いなくそうだ。知恵の道か、無知の道か。それはエゴにかかっている。

夢がやがて成功に至り、そして苦境にもつながっていく。成功が生みだした苦境が、新たな野心をも生み出せるならもっといい。苦境から次の夢が生まれ、さらに大きな成功へつながる。このループ《循環》に終わりはない。

誰もがこのループの中にいる。人生のさまざまなポイントでこのループのどこかに立っている。だがうっかりしていたら、この循環が止まってしまう。それは間違いない。

次にどんなことが待ち受けていようと、絶対避けねばならないものが一つある。エゴだ。エゴにとらわれると、ループのどのポイントでも道が険しくなるばかりか、失敗したときにはそれが固定化してしまう。今ここで失敗から学ばないかぎり、この瞬間を契機に自分自身と心の内を深く見つめないかぎり、エゴはまるで真北を指し続けるコンパスの針のように、敗北を探し求めるだろう。

偉業を成し遂げた人々は、苦難を乗り越えてそこまでたどり着いた。皆、失敗を犯し、その経験の中に何か光を見いだした。たとえそれが、自分は無敵ではなく何でも思うとおりにはならないというある種の諦念《ていねん》（道理を悟り、諦めの気持ちに至ること）だとしても。己を知ることが苦境を打破する道だということに、彼らは気づいた。それに気づかなければ、さらに成長を遂げることも、再び浮かび上がることもかなわなかっただろう。

そこから私たちを導くマントラが生まれる。私たちが旅路のどんな局面にあっても、生き延び繁栄していくために……。シンプルだが、奥は深い。

エゴにとらわれずに夢を描き、追い求める
エゴに惑わされずに成功を収める
エゴではなく、己の力によって失敗を乗り越える

エピローグ

我々一人ひとりの生の中で、南北戦争が今も続いている。我々の魂の北部に対して、我々の魂の反抗的な南部が反乱を起こしている。個々の生という存在のただ中で、この闘争がひっきりなしに続いているのだ。

マーティン・ルーサー・キング・ジュニア（キング牧師）

今これを読んでいるということは、本書を読み終えたということだろう。でもひょっとしたら、最後までたどり着けなかった人もいるのではないかと心配している。正直に言えば、私自身、ここまでたどり着ける自信はなかった。

読み終えたと仮定して、今どんな気分だろう。疲れたかな？　戸惑っている？　それとも、解放されただろうか？

己のエゴと向き合うのは楽な作業ではない。まずはエゴがそこにあることを認める。次にそれを点検して批判する。自分の内面に潜む不愉快な部分を見つめるなんて、たいていの人には耐えられない。そんなことをするくらいならほかのことをするほうがましだ。実際、世の中の信じがたいような偉業の中には、エゴの闇と向き合うのを拒んだ人間によってなされたものがたしかにある。

いずれにしても、最後まで読み通したからには、君はエゴに強い一撃を食らわせたことになる。これで必要なことが全部済んだわけではないが、ともかく出発点には立った。

私の友人で、哲学者であり武道家でもあるダニエレ・ボレッリから以前、有益な暗喩《メタファー》（あんゆ）を教わった。鍛錬とは、床掃除である。一度掃除すれば永久に床がきれいに保たれるわけではない。毎日ゴミが溜まり、毎日掃除しなければならない。

同じことがエゴにもいえる。ゴミやちりが時間の経過とともにどんな被害をもたらすかを知ったら仰天するだろう。それは瞬く間に山となり、まったく手に負えなくなってしまうのだ。

アメリカンアパレル取締役会から解任を言い渡された数日後、ダブ・チャーニーは午前三時に私に電話をかけてきた。ダブは意気消沈と怒りが交錯した不安定な様子で、今回の事態について自分には何の落ち度もないと信じ込んでいるようだった。私は尋ねた。「これからどうするつもりですか？第二のスティーブ・ジョブズになって新会社を立ち上げるとか、再起をめざすつもりですか？」。ダブは黙り込んで、それから受話器を通してもひしひしと伝わってくる真剣さで、こう言った。

「ライアン、スティーブ・ジョブズは死んだよ」

ダブにとっては、この騒動、この敗北、この打撃は、ある意味死に等しいものだった。それ以来ダブとは話をしていない。その後の数カ月間、自ら築き上げすべてを注ぎ込んだ会社を、ダブが自分の手でぶち壊していくのを、私は冷え冷えする思いで見守った。悲しい出来事だった。今も胸にこびりついて離れない。


でもひょっとしたら、君も私も……そうなっていたかもしれない。明日はわが身だ。


私たちは皆、それぞれ違った形で成功と失敗を経験する。私は本書の執筆と悪戦苦闘していたが、練り上げた企画書の草稿を四度もはねつけられ、ボツになった原稿も数知れない。それまでの仕事だったら、きっとストレスで参っていただろう。途中で投げだすか、誰かとの共同作業に逃げていたかもしれない。我を張って自説に固執し、本書を台無しにしていたかもしれない。

ある時点で私は、気持ちを鎮める方法を思いついた。草稿を書き終えるたびにページをびりびりと破って、ガレージに置いたコンポスト（堆肥をつくる生ゴミ処理機）に放り込んだのだ。数カ月たつとそれら痛ましい紙片はどれも土となって庭の肥やしとなり、私はその上を裸足で歩いた。自分より大きな存在、広大な世界と、本当に、じかに触れてつながっている、そう感じられた。自分が死んだときにも同じことが起きるんだと、よく自分に言い聞かせたものだ。自分の体も分解され自然に還っていくのだと。

君がここまで読んでくれた文章を書きながら思いを巡らせているとき、ふと大事なことに気づき、心が解放されるような瞬間が何度もあった。特に覚えているのは、永遠に歴史に残る「偉大な記念碑」を建てるために生きる、という発想がいかに危険な妄想であるかに気づいたときのことだ。野心的な人間ならこの感覚に覚えがあるはずだ――自分のやり方で、偉大なことを成し遂げねばならない。そうでなければ無価値な敗残者となり、世界から見捨てられる。そんなプレッシャーの重みで結局は誰もがつぶれる。いやむしろ、つぶされると言ったほうがいい。

もちろん、そんなのはただの妄想だ。誰もが潜在的な可能性を内に秘めている。誰にもめざす目標があり、それを達成する力があることも分かっている。会社を起こすことであれ、クリエイティブな作品を完成させることであれ、決勝戦に進出することであれ、各自の分野で頂点に立つことであれ、皆同じだ。どれも価値のある目標である。プレッシャーでつぶれていては、ゴールへたどり着くことなどできない。

問題は目標をかなえる旅に出発するとエゴが忍び寄ってきて、その歩みを汚し、損なうことだ。旅立ちのとき、成功を手にしたとき、さらには旅の途中で転んだときにも、悪魔のささやき声が聞こえてくる。エゴとは麻薬と同じで、初めのうちは快感に酔わせてくれる。その偽りの力を借りて、他人より優位に立ったり勢いをつけたりするのだ。だが、そのやり方ではすぐに行き詰まってしまう。気がついたときには、私がダブと電話で交わした会話のような、予想もしていなかった状況や、本書で取り上げた教訓談のような状況に陥る。

自分の仕事や人生をとおして分かったのは、エゴがもたらす結果のほとんどが、本書で紹介した事例ほどあからさまに悲惨ではないということだ。君が人生で出会う人々、そしてこの世界に生きる人々のうちで、エゴに身を任せてしまった者は、善い行いをしていないから当然善い報いも得られない。もっと世界が単純で、子供のころ教わったように生きられたらと思う。

しかし現実の人生は違う。実際、多くの人がたどる結末は、私の好きな本の一つ、『何がサミイを走らせるのか？』（バッド・シュールバーグ著）のエンディングに近いものだ。この小説の有名なキャラクターは、映画プロデューサーのサミュエル・ゴールドウィンやデヴィッド・O・セルズニックといったエンターテイメント界の事業家の実生活をモデルにしている。本書の語り手は、冷酷で計算高くエゴイスティックなハリウッドの大物サミイ・グリックの宮殿のようなマンションに招かれる。そしてサミイの急激な出世劇を、尊敬と困惑と、最後には幻滅も入り交じった目で観察する。

サミイの弱さが顔をのぞかせた瞬間、その人生の実像を、語り手は見抜く。孤独で空疎な結婚生活を送っていること、恐れと不安で一瞬たりともじっとしていられないこと。語り手はずっとこんなふうに願っていた。サミイが数々のルール違反を犯し、成功のために汚い手を使ってきた報い――悪い行いの罰――を受ければよいのにと。だが、その日が来ることはないと悟る。なぜならば、すでに罰は下っているからだ。語り手は言う。

何か決定的、致命的な出来事が起こることを私は期待していたが、今や悟った。この男の受ける報いとは、ある日突然訪れる清算ではなく、進行する病なのだと。サミイは出生地（訳注：ユダヤ移民の子で貧困地区で育った）で流行ったのろいのような疫病に冒されていた。癌に徐々にむしばまれ、どんどん症状――成功、孤独、恐怖――が進行し悪化していくようなものだった。聡明な若い男性なら、つまり次のサミイ・グリックになり得る者なら誰でも抱く不安、それが彼にとりついて、悩ませ、脅かし、最後にはのみ込んでしまった。

まさにエゴはこんなふうに現れる。そしてこれこそ、私たちが必死に避けようとしている展開ではないのか？

最後にもう一つ打ち明け話をして、この環を閉じたいと思う。私がこのくだりを最初に読んだのは一九歳のときだ。経験豊富なメンターから読むように勧められたのだ。このメンターも、のちの私と同じく、エンターテインメント業界で早くから成功を収めた人物だった。メンターが予想したとおり、私はこの本に大きな影響を受け、大変ためになった。

ところが、その後の数年間で、私はこの本の登場人物とほぼ同じ状況に陥ってしまった。宮殿のような家に迎えられ、尊敬していた人が、その業《ごう》のために避けがたく崩壊していく様を目撃した。そればかりか、まもなく、私自身もそうなる瀬戸際まで追い込まれた。

このくだりを今になって思い出したのは、このエピローグを書き始めたとき、当時読んだ本を読み返してみたからだ。すると、手書きで書き込んだページが目に入った。そこには広い世界に飛びだしていく直前の、自分の気持ちがつぶさに語られていた。私が当時、シュールバーグの言葉を、頭でも、感情のレベルでも理解していたのは間違いない。それでも、私は道を誤った。いったんすべてが壊れ、もう十分だと思った。

この本を初めて読み、考えを書きとめてから一〇年がたち、私はもう一度歩みだす準備ができた。まさに今の私に必要な形で、この本の教訓がじわりと胸に染みこんできた。

ドイツの政治家ビスマルクの言葉を引けば、どんな愚か者でも経験から学ぶことはできるという。他人の経験から学ぶのがコツだ。本書はその方針で書き始めたのだが、終わってみれば惨めなくらい自分の経験が多くなってしまった。私はエゴの研究に乗りだし、己のエゴに——長年尊敬していた人々のエゴにも——ぶちあたった。

多少は自分で痛い目に遭う必要があるということなのかもしれない。ギリシャの哲学者・著述家プルタルコスが述べている。

「自分で経験する物事に比べれば、言葉によって得られる知識は多くない」

いずれにしても本書を締めくくるにあたって、ここまでの話のすべてに通じる基本的考えを話しておきたい。つまり、立派なビジネスマンに、立派なアスリートに、立派な征服者になろうと思うのは素晴らしいことだ。知識を増やしたい、金銭的に豊かになりたい、そう思うのも自然なことだ。本書でも折にふれて述べたように、大きなことを成し遂げようと思うのはよいことなのだ。むろん私もそう思っている。

ただ覚えておいてほしい。それに負けないくらい、立派な人間に、幸福な人間に、バランスのとれた人間に、満ち足りた人間に、謙虚で利他的な人間になることも素晴らしいことなのだ。いっそ今挙げたことを全部実現してもいい。分かりきったことなのに忘れられがちなのは、こうした人格を磨き上げることで、プロフェッショナルとしての成功もつかめるということだ。逆効果になることはまずない。ふだんから努力して、偏った考え方を改め、自滅的な衝動を抑えることは、きちんとした人間になるための道徳的な条件であるばかりではない。それによって、さらに大きな成功への道が開けるのだ。人間性を磨けば、成功をつかむための危険な船旅を、迷うことなく乗り切ることができる。そもそも、そうした人間性を身につけたこと自体がすでに、恩恵であるともいえるのだ。

さて本書もいよいよおしまいだ。ほかの人たちの経験、そして私自身の経験から、エゴの問題をできるかぎりたくさん示したつもりだ。

あと残っていることは？

そう……君だ。君の選択だ。この知識を、君はどう生かすだろうか？　今すぐ答えが出なくても構わない。今後どう生かしていくだろうか？

この先の人生、どんなときも、君は三つの段階のどれかにいるはずだ——夢、成功、失敗。それぞれの段階でエゴと闘うだろう。それぞれの段階で間違いを犯すだろう。

だから毎日、毎分、君の心の中の床掃除を続けてほしい。何度でも、何度でも。

WHAT SHOULD YOU READ NEXT?

次に読むべき本は？

ほとんどの人にとって、参考文献は退屈なものだ。だが本を愛する者にとっては、本全体の中で一番楽しみな部分かもしれない。そんな一人である君――本を愛する私の読者――のために、私がエゴの研究に利用した本や情報源をもれなく含めた完全ガイドを用意した。引用に値する本はどれかだけでなく、私がそこから何を得たかまでお話ししたし、次に読むことを強く薦める本も紹介した。この作業に没頭するあまりボリュームが多くなりすぎて、出版社から本には収録できないと言われてしまった。そこで、君に直接送れるようにした。全文クリック可能、検索可能な形式のファイルだ。

このお薦め文献リストに興味をもたれた方は、books@egoistheenemy.comにEメールを送るか、www.EgoIsTheEnemy.com/booksにアクセスするだけでいい。エゴにまつわる私の好きな引用句や格言を集めたリストも一緒にお送りする。本書に収められなかったものばかりだ。

もっとたくさんお薦め書籍を知りたい人は……

これとは別に、私は毎月、お薦め書籍のリストをEメールで配信しているので、そちらに登録してほしい。購読者はすでに五万人を超えている。皆、君のように好奇心旺盛な本の虫ばかりだ。

リストは月一回Eメールで届き、私の個人的な読書体験に基づく解説がつく。第一回配信では私の好きな本のオールタイムベスト一〇冊を紹介する。登録手続きは簡単、ryanholiday@gmail.comにメールを送るか（件名はReading List E-mail）、ryanholiday.net/reading-newsletterでサインアップするだけだ。

SELECTED BIBLIOGRAPHY

参考文献

邦訳書籍一覧

※参考文献における邦訳書籍を抜粋したリストです。著者が提示した英語文献の邦訳ではない場合があります。

アダム・スミス著『道徳感情論』（岩波書店、その他）
アリストテレス著『ニコマコス倫理学　上・下』（岩波書店）
アン・ラモット著『ひとつずつ、ひとつずつ「書く」ことで人は癒される』（パンローリング）
キャサリン・グラハム著『キャサリン・グラハム　わが人生』（ティビーエス・ブリタニカ）
ジャック・ウェザーフォード著『パックス・モンゴリカ：チンギス・ハンがつくった新世界』（日本放送出版協会）
セネカ著『生の短さについて　他二篇』（岩波書店）
チャック・パラニューク著『ファイト・クラブ』（早川書房）
テオグニス他著『エレゲイア詩集』（京都大学学術出版会）
パット・ライリー著『ザ・ウィナーズ』（講談社）
バッド・シュールバーグ著『何がサミイを走らせるのか？』（新書館）
ハロルド・ジェニーン著『プロフェッショナルマネジャー　58四半期連続増益の男』（プレジデント社）
ブッカー・ワシントン著『黒偉人　ブッカー・ワシントン伝』（目黒書店）

プルターク著『プルターク英雄伝　全12巻』（岩波書店）
ヘシオドス著『神統記』（岩波書店）
ヘーシオドス著『仕事と日』（岩波書店）
ヘロドトス著『歴史　上・中・下』（岩波書店）
マルクス・アウレーリウス著『自省録』（岩波書店）
マルクス・アウレリウス著『マルクス・アウレリウス「自省録」』（講談社）
マルコムX著『完訳　マルコムX自伝　上・下』（中央公論新社）
マールクス・ワレリウス・マールティアーリス著『マールティアーリスのエピグランマタ　上・下』（慶応義塾大学言語文化研究所）
Ulysses S. Grant 著『回想記』（大阪教育図書）
ラルフ・ウオルド・エマソン著『Representative Men』（研究社出版）
ラス・ロバーツ著『スミス先生の道徳の授業　アダム・スミスが経済学よりも伝えたかったこと』（日本経済新聞出版社）
ロバート・L・スティーヴンソン著『怠け者の弁明』（旺史社）
ロン・チャーナウ著『タイタン　ロックフェラー帝国を創った男　上・下』（日経ＢＰ社）

参考文献

Aristotle. trans. Terence Irwin.
Nicomachean Ethics. Indianapolis, IN: Hackett Publishing, 1999.
アリストテレス著『ニコマコス倫理学　上・下』（岩波書店）

Barlett, Donald L., and James B. Steele.
Howard Hughes: His Life and Madness. London: Andre Deutsch, 2003.

BIy, Robert.
Iron John: A Book About Men. Cambridge, MA: Da Capo, 2004.

Bolelli, Daniele.
On the Warrior's Path: Fighting, Philosophy, and Martial Arts Mythology. Berkeley, CA: Frog, 2003.

Brady, Frank.
Citizen Welles: A Biography of Orson Welles. New York: Scribner, 1988.

Brown, Peter H., and Pat H. Broeske.
Howard Hughes: The Untold Story. Da Capo, 2004.

C., Chuck.
A New Pair of Glasses. Irvine, CA: New-Look Publishing, 1984.

Chernow, Ron.
Titan: The Life of John D. Rockefeller, Sr. New York: Vintage, 2004.
ロン・チャーナウ著『タイタン　ロックフェラー帝国を創った男　上・下』（日経ＢＰ社）

Cook, Blanche Wiesen.
Eleanor Roosevelt: The Defining Years. New York: Penguin, 2000.

Coram, Robert.
Boyd: The Fighter Pilot Who Changed the Art of War. Boston: Little, Brown, 2002.

Cray, Ed.
General of the Army: George C. Marshall, Soldier and Statesman. New York:

Cooper Square, 2000.

Csikszentmihalyi, Mihaly.
Creativity: Flow and the Psychology of Discovery and Invention. New York: Harper Collins, 1996.

Emerson, Ralph Waldo.
Representative Men: Seven Lectures. Cambridge, MA: Belknap Press of Harvard University Press, 1987.
ラルフ・ウオルド・エマソン著『Representative Men』(研究社出版)

Geneen, Harold.
Managing. Garden City, NY: Doubleday, 1984.
ハロルド・ジェニーン著『プロフェッショナルマネジャー　58四半期連続増益の男』(プレジデント社)

Graham, Katharine.
Personal History. New York: Knopf, 1997・
キャサリン・グラハム著『キャサリン・グラハム　わが人生』(ティビーエス・ブリタニカ)

Grant, Ulysses S.
Personal Memoirs of U.S. Grant, Selected Letters 1839-1865. New York: Library of America, 1990.
Ulysses S. Grant 著『回想記』(大阪教育図書)

Halberstam, David.
The Education of a Coach. New York: Hachette, 2006.

Henry, Philip, and J. C. Coulston.
The Life of Belisarius: The Last Great General of Rome. Yardley, Penn.: Westholme, 2006.

Herodotus, trans. Aubrey De Sélincourt, rev. John Marincola.
The Histories. London: Penguin, 2003.
ヘロドトス著『歴史　上・中・下』(岩波書店)

Hesiod, trans. Dorothea Wender.
Theogony and Works and *Days.* Harmondsworth, U.K.: Penguin, 1973.
ヘシオドス著『神統記』(岩波書店)、ヘーシオドス著『仕事と日』(岩波書店)

Isaacson, Walter.
Benjamin Franklin: An American Life. New York: Simon & Schuster, 2003.

Lamott, Anne.
Bird by Bird: Some Instructions on Writing and Life. New York: Anchor, 1995.
アン・ラモット著『ひとつずつ、ひとつずつ 「書く」ことで人は癒される』(パンローリング)

Levin, Hillel.
Grand Delusions: The Cosmic Career of John DeLorean. New York: Viking, 1983.

Liddell Hart, B. H.
Sherman: Soldier, Realist, American. New York: Da Capo, 1993.

Malcolm X, and Alex Haley.
The Autobiography of Malcolm X. New York: Ballantine, 1992.
マルコムX著『完訳 マルコムX自伝 上・下』(中央公論新社)

Marcus Aurelius, trans. Gregory Hays.
Meditations. New York: Modern Library, 2002.
マルクス・アウレーリウス著『自省録』(岩波書店)、マルクス・アウレリウス著『マルクス・アウレリウス「自省録」』(講談社)

Martial, trans. Craig A. Williams.
Epigrams. Oxford: Oxford University Press, 2004.
マールクス・ワレリウス・マールティアーリス著『マールティアーリスのエピグランマタ 上・下』(慶応義塾大学言語文化研究所)

McPhee, John.
A Sense of Where You Are: A Profile of Bill Bradley at Princeton. New York: Farrar, Straus and Giroux, 1999・

McWilliams, Carey.
The Education of Carey McWilliams. New York: Simon & Schuster, 1979.

Mosley, Leonard.
Marshall: Hero for Our Times. New York: Hearst, 1982.

Muir, John.
Wilderness Essays. Salt Lake City: Peregrine Smith, 1980.

Nixon by Nixon: In His Own Words. Directed by Peter W. Kunhardt. HBO documentary, 2014. (DVD)

Orth, Maureen.
"Angela's Assets." Vanity Fair, January 2015.

Packer, George.
"The Quiet German." New Yorker, December 1, 2014.

Palahniuk, Chuck.
Fight Club. New York: W. W. Norton, 1996.
チャック・パラニューク著『ファイト・クラブ』(早川書房)

Plutarch, trans. Ian Scott-Kilvert.
The Rise and Fall of Athens: Nine Greek Lives. Harmondsworth, U.K: Penguin, 1960.
プルターク著『プルターク英雄伝　全12巻』(岩波書店)

Pressfield, Steven.
Tides of War: A Novel of Alcibiades and the Peloponnesian War. New York: Bantam, 2001.

Rampersad, Arnold.
Jackie Robinson: A Biography. New York: Knopf, 1997.

Riley, Pat.
The Winner Within: A Life Plan for Team Players. New York: Putnam, 1993.
パット・ライリー著『ザ・ウィナーズ』(講談社)

Roberts, Russ.
How Adam Smith Can Change Your Life. New York: Portfolio / Penguin, 2015.
ラス・ロバーツ著『スミス先生の道徳の授業　アダム・スミスが経済学よりも伝えたかったこと』(日本経済新聞出版社)

Schulberg, Budd.
What Makes Sammy Run? New York: Vintage, 1993.
バッド・シュールバーグ著『何がサミイを走らせるのか?』(新書館)

Sears, Stephen W.
George B. McClellan: The Young Napoleon. New York: Ticknor & Fields, 1988.

Seneca, Lucius Annaeus, trans. C.D.N. Costa.
On the Shortness of Life. New York: Penguin, 2005.
セネカ著『生の短さについて　他二篇』（岩波書店）

Shamrock, Frank.
Uncaged: My Life as a Champion MMA Fighter. Chicago: Chicago Review Press, 2012.

Sheridan, Sam.
The Fighter's Mind: Inside the Mental Game. New York: Atlantic Monthly, 2010.

Sherman, William T.
Memoirs of General W. T. Sherman. New York: Literary Classics of the United States, 1990.

Smith, Adam.
The Theory of Moral Sentiments. New York: Penguin, 2009.
アダム・スミス著『道徳感情論』（岩波書店、その他）

Smith, Jean Edward.
Eisenhower: In War and Peace. New York: Random House, 2012.

Stevenson, Robert Louis.
An Apology for Idlers. London: Penguin, 2009.
ロバート・L・スティーヴンソン著『怠け者の弁明』（旺史社）

Theognis, trans. Dorothea Wender.
Elegies. Harmondsworth, U.K.: Penguin, 1973.
テオグニス他著『エレゲイア詩集』（京都大学学術出版会）

Walsh, Bill.
The Score Takes Care of Itself: My Philosophy of Leadership. New York: Portfolio / Penguin, 2009.

Washington, Booker T.
Up from Slavery. New York: Dover, 1995・
ブッカー・ワシントン著『黒偉人　ブッカー・ワシントン伝』（目黒書店）

Weatherford, J.
Genghis Khan and the Making of the Modern World. New York: Three Rivers, 2005.

ジャック・ウェザーフォード著『パックス・モンゴリカ：チンギス・ハンがつくった新世界』（日本放送出版協会）

Wooden, John.
Coach Wooden's Leadership Game Plan for Success: 12 Lessons for Extraordinary Performance and Personal Excellence. New York: McGraw-Hill Education, 2009.

謝辞

これまでに書いた本でも、私は執筆を助けてくれた人々やメンターに対して努めて感謝の意を表すとともに、私が長年頼りにしてきた多数の著者や思想家に対する恩義を明確に示してきた。本書も彼らの力添えがなければ完成しなかった。ただ同時に、こんな後ろめたさも味わっている。読者が、私などより賢いほかの著者の手による洞察を、私の独創だと勘違いしてしまうのではないか。本書に価値ある部分があるなら、それはすべて彼らの手によるもので、私の独創ではない。

本書が今の姿にたどり着けたのは、担当編集者のニルス・パーカーとニキ・パパドプロスによる巧みな編集と貴重な助言のおかげだ。スティーヴン・プレスフィールド、トム・ビリユー、ジョーイ・ロスは初期の段階で批評を寄せてくれた。大変感謝している。

妻にも感謝を言いたい。本書執筆中、プライベートで支えてくれたばかりか、誰よりも献身的な読者となってくれた。初日から私の代理を務めてくれたエージェントのスティーヴ・ハンゼルマンにも感謝を述べたい。マイケル・タニーには提案書を手伝ってくれたことについて、ケヴィン・カリーにはその助力について、フリスト・ワシリエフには素晴らしい調査とアシスタント作業についてそれぞれお礼を言いたい。ＮＦＬペイトリオッツのマイク・ロンバルディには協力と教授を賜ったことに感謝申し上げる。ティム・フェリスにも感謝を言わなければ。前作に対するフェリスのサポートのおかげで本書が実現した。同じく、私を作家に仕立ててくれたロバート・グリーン、哲学の道に引き入れてくれたドクター・ドリューにも感謝申し上げる。アメリカンアパレルの騒動のさなか、私を導き相談に乗ってくれたジョアン・ラッタレルとトビアス・ケラーにも感謝を。それから最後に、「ワーカホリックス・アノニマス」に感謝を。ロサンゼルスでの会合と毎週の電話交換がなければ、本書が最後までたどり着けたかどうか分からない。

場所についていえば、テキサス大学オースティン校図書館、カリフォルニア大学リバーサイド校図書館、さまざまなランニングコース（とシューズ）、そして第二の我が家であるロサンゼルス・アスレチッククラブ、これら各所のおかげで執筆作業がずいぶんはかどった。

最後に、私が飼っているペットたちにもお礼を言ってよいだろうか？　許してもらえるなら、三匹の山羊たち——ビスケットとバケットとウォーターメロンに感謝の意を述べたい。

君たちのおかげで毎日がどんなに楽しいことか！

■著者紹介

ライアン・ホリデイ（RYAN　HOLIDAY）

メディア戦略家《ストラテジスト》。作家としても著名で、戦略やビジネスをテーマに執筆を行う。19歳で大学を中退し、ベストセラー作家ロバート・グリーン〔『権力（パワー）に翻弄されないための48の法則 上・下』（パンローリング）等〕に師事する。修業時代を経て、人気作家や有名ミュージシャンのアドバイザーとして活躍。衣料品メーカー、アメリカン・アパレルのマーケティングディレクターも務めた。そのマーケティング手法はツイッター、ユーチューブ、グーグルなどでケーススタディとして採用され、アド・エイジ、ニューヨーク・タイムズ、ファスト・カンパニーなどのメディアでも紹介された。

処女作『Trust Me, I'm Lying: Confessions of a Media Manipulator』はフィナンシャル・タイムズに「衝撃の問題作」と評され、デビュー作にしてベストセラーとなった。今では世界中の大学で教材に使われている。また『苦境を好機にかえる法則』（パンローリング）は世界各国で出版され、スポーツ選手やタレント、政治家などに愛読されている。ホリデイは現在、ニューヨーク・オブザーバー紙の編集顧問であり、米国の人気ウェブサイトThought Catalogにも寄稿している。仕事場はテキサス州オースティンの自宅。

■訳者紹介

金井啓太（かない・けいた）

東京外国語大学外国語学部卒業。ラヂオプレス通信社を経て、フリーの翻訳者に。訳書に『知能のパラドックス』（PHP研究所）、『人生のどんな局面でも前向きになれる10の法則』（アルファポリス）、『苦境《ピンチ》を好機《チャンス》にかえる法則』（パンローリング）など。

■翻訳協力

株式会社トランネット

http://www.trannet.co.jp

2017年1月3日　初版第1刷発行
2025年1月1日　　　第2刷発行
2025年4月2日　　　第3刷発行

フェニックスシリーズ㊾

エゴを抑える技術
――賢者の視点を手にいれる

著　者　　ライアン・ホリデイ
訳　者　　金井啓太
発行者　　後藤康徳
発行所　　パンローリング株式会社
〒160-0023　東京都新宿区西新宿7-9-18-6F
TEL 03-5386-7391　FAX 03-5386-7393
http://www.panrolling.com/
E-mail　info@panrolling.com
装　丁　　パンローリング装丁室
組　版　　パンローリング制作室
印刷・製本　株式会社シナノ

ISBN978-4-7759-4169-0

権力を手中に収めたい
権力に立ち向かう人のための実践集

ロバート・グリーン
ユースト・エルファーズ

全2巻

権力《パワー》に翻弄されないための48の法則

◎ 訳：鈴木主税

各定価：本体1,600円＋税

【上】ISBN 978-4-7759-4156-0　【下】ISBN 978-4-7759-4157-7

マキャベリ・孫子・クラウゼヴィッツ・ビスマルク・カザノヴァ、歴史に名を残す偉人たちの言葉から、権力の扱い方を学ぶ。「不道徳・人を巧みに操る」と酷評される世界的ロングロセラー